AF483900

* 9 7 9 8 8 6 9 1 9 5 6 2 3 *

ספר

עץ חיים

לרבינו

חיים ויטאל ז"ל

שׁקיבל ממרן האר"י זלה"ה

שַׁעַר הָעֲקוּדִים

שַׁעַר ו' פרק ו'

דכ"ז ע"א – דכ"ז ע"ד

תש"פ

SimchatChaim.com

בהוצאת

שֹמחת חיים

בס"ד

## הקדמה

**י**רפא **ה**מאציל **ו**יושיע **ה**בורא את כל חולי בני ישראל, וישלח להם רפואה שלימה, רפואת הנפש ורפואת הגוף, בכל אבריהם ובכל גידיהם לעבודתו יתברך.

בי"ב במנחם אב תשס"ה, הובהלתי לבית החולים, הרופאים לא נתנו לי סיכוי לחיות יותר מכמה שעות בגלל מספר תסבוכות. עם כל זאת בזכות התפילות של בני ישראל הקדושים, ברחמיו הרבים, ריחם עלי הקדוש ברוך הוא, ונשארתי בחיים.

עם כל זאת, הובחנה אצלי מחלה קשה בכליות, ונאמר לי שהצטרך למכונת דיאליזה. בשבילי זה היה שוק!!! אף פעם לא הייתי אצל רופא, או בבית חולים. כך בעל כרחי התחברתי למכונת דיאליזה, ומכונה זאת הייתה[1] קשורה בי ככלב במשך שמונים חודשים בדיוק, כמניין **יסוד**, במשך 12-10 שעות ביום.

בשבת פרשת **ויחי יעקב** י"ב טבת תשע"ב, בזכות בני ישראל, שכולם אהובים כולם ברורים כולם גיבורים כולם קדושים... וכולם פותחים את פיהם באהבה שלוש פעמים ביום, ואומרים - **ברוך אתה... רופא חולי עמו ישראל**, וכללותם כל האברכים, תלמידי הישיבות, רבנים וחכמים, חסידים, מקובלים עם תינוקות של בית רבן, זקנים עם נערים, בחורים וגם בתולות, בארץ הקודש ובעולם. ומצד שני בנות ישראל היקרות מפז, שהתפללו וקבלו עליהם כל מיני קבלות, מהפרשת חלה עד צניעות וכיסוי הראש, עם הרבנים, המנהלים, המורים, המורות **והתלמידות של בית יעקב דטורונטו** שכל יום התפללו, וכללו בתפילתם שבקעה את כל הרקיעים אותי, ונושעתי אני הקטן. הושתלה בי כליה. והתנתקתי ממכונת הדיאליזה.

אמר המלך דוד - לולי[2] תורתך שעשעי אז אבדתי בעניי. מה שנתן לי חיות היא התורה הקדושה, בשעות הרבות שהייתי מחובר למכונת הדיאליזה )כ12 שעות ביום(, ערכתי סדרתי וכתבתי במחשב את קונטרסים שלמדתי במשך שנים. וקונטרסים אלו הפכו לחיבור, ואחרי התלבטויות ובקשות מבני גילי, החלטתי בעזרתו יתברך להדפיס קונטרסים אלו.

**י**דוע הוא כי כל דברי האר"י זלל"ה ותלמידיו נאמן ביתו, רבינו חיים ויטאל הם סתומים וחתומים באלפי שרשראות ומנעולים, והרב ז"ל גלה טפח וכיסה אלפים אמה, וכלל דבריהם הוא משלים, עם כל זאת העוסק במשל פועל בעלמות העליונים בנמשל. לכן צריך זהירות גדולה לא להגשים את המשלים, בסוד המבואר בספר הזוהר הקדוש - **ועלייהו אתמר** ועליהם נאמר - **ארור האיש אשר יעשה פסל ומסכה וגומר, ושם בסתר, מאי בסתר מהו בסתר - בסתרו דעלמא** בסתר העולם. **ובגין דא אמר קודשא בריך הוא לא תעשון אתי** ומפני זה אמר הקדוש ברוך הוא לא תעשון אתי **אלה"י כסף ואלה"י זהב, והכי אוקמוה חבריא לא תעשון אתי כדמות שמשי שמשמשין אותי** וכך העמידוהו החברים לא תעשון אתי כדמות שמשי שמשמשים אותי **במרום, לציירא בסתר דילי שום ציור או דמיון** לצייר בסתר שלי שום ציור או דמיון, **דכל מאן דצייר לעיל לקודשא בריך הוא** שכל מי שמצייר למעלה לקדוש ברוך הוא, **בסתר )דאיהי שכינתיה, כלילא מעשר**

---

[1] **גמרא סוטה ד"ג ע"ב** - גמרא סוטה ד"ג ע"ב – רבי אלעזר אומר, **קשורה בו ככלב**, שנאמר - ולא שמע אליה לשכב אצלה להיות. עמה לשכב אצלה בעולם הזה. להיות עמה לעולם הבא.

[2] **תהלים קי"ט צ"ב**

**ספיראן** שהיא שכינתו, כלולה מעשר ספירות(, **שום ציור, וצלם, ודמות, כגוונא דמצייירין בשמשין דיליה** שמצייירים בשמשים שלו, **בשמתיה אתלבשא בההוא צלמא** נשמתו מתלבשת באותו צלם....

**וכן הוא** בסוף ענף ד' דשער א' בספר עץ חיים שער ההקדמות, וז"ל הטהור - ואמנם דבר גלוי הוא כי אין למעלה גוף ולא כח גוף חלילה. וכל הדמיונות והציורים אלו לא מפני שהם כך חס ושלום. אמנם **לשכך את האוזן** לכשיוכל האדם להבין הדברים העליונים, הרוחניים, בלתי נתפסים, ונרשמים בשכל האנושי. לכן ניתן רשות לדבר בבחינת ציורים ודמיונים, כאשר הוא פשוט בכל ספרי הזוהר. וגם בפסוקי התורה עצמה כולם כאחד עונים ואומרים בדבר הזה, כמו שאמר הכתוב עיני הוי"ה המה משוטטים בכל הארץ. עיני הוי"ה אל צדיקים. וישמע הוי"ה. וירא הוי"ה. וידבר הוי"ה. וכאלה רבות. וגדולה מכולם מה שאמר הכתוב - ויברא אלהי"ם את האדם בצלמו בצלם אלהי"ם ברא אותו זכר ונקבה וגו'. **ואם התורה עצמה דברה כך** גם אנחנו נוכל לדבר כלשון הזה, עם היות שפשוטו הוא שאין שם למעלה אלא אורות דקים בתכלית הרוחניות, בלתי נתפשים שם כלל, וכמו שאמר הכתוב - כי לא ראיתם כל תמונה, וכאלה רבות. ואמנם יש עוד דרך אחרת כדי להמשיך ולצייר בה הדברים העליונים, והם בחינת כתיבת צורת אותיות, כי כל אות ואות מורה על אור פרטי עליון, וגם תמונת זו דבר פשוט הוא כי אין למעלה לא אות ולא נקודה, **וגם זה דרך משל וציור לשכך את האוזן** כנזכר.....

**ולכן** כל המבואר כאן בחיבור זה הוא כדי **לשכך את האוזן.** והתרשימים שבסוף החיבור הם כדי **לשבר את העין**, לכן אין שום ביאור והסבר שלם, ואין שום תרשים שלם בתכלית השלמות.

**ידוע כי**[3] דברי תורה עניים במקומן ועשירים במקום אחר, **ועל אחת כמה וכמה** בדברי הרב ז"ל, שכל סוגיה חסרה[4] במקומה, וחלקיה מפוזרים במקומות אחרים. **זאת ועוד** הרב ז"ל מערבב בדרוש אחד כמה וכמה סוגיות, כאשר בפשטות דבריו נראה שכל הדרוש הוא דרוש אחד, ולא מחולק לסוגיות שונות, ושמועות שונות, **ביאור** דברי הרב ז"ל כאן הם **בעומק, והוא בעצם ליקוט** עד איפה שידי הקצרה הגיעה, מכל חלקי ספר עץ חיים, ושמונה השערים המצוינים לרב ז"ל, מבוא שערים ושאר ספרי הרב ז"ל, והוא גם על פי הקדמת רחובות הנהר למרן הרש"ש, דרושי פנימיות וחיצוניות, דרוש הדעת, סוגיות ערכין, סוגיות דכללות והתכללות, פרטות וכללות, וסוגיות עובי ואורך, ועל פי ביאור גדולי רבותינו חכמי המקובלים לדורותם זלה"ה זי"ע.

ידוע כי[5] אין בר בלי תבן, כך אין ספר בלי טעויות, ועוד יודע אני כי ועני אני, **ואין**[6] **עני אלא בדעה.** לכן מבקש אני בכל לשון של בקשה אם יש לכל אחד שאלות, הערות, הארות, תיקונים, נא לשלוח ל - book@simchatchaim.com והשתדל לענות, ולתקן את הצריך תיקון.

בברכה והצלחה בלימוד התורה הקדושה

ובעיקר בפנימיות התורה, תורת האר"י הח"י.

ורפואה שלימה לכל חולי ישראל.


אח"י


---

[3]

**גמרא ירושלמי, ראש השנה פ"ג הלכה ה' די"ז ע"א** – דברי תורה עניים במקומן, ועשירים במקום אחר.

[4]

**תורת חכם דע"ב ע"ב** – חסר לשון הוא, כמו שיראה המעיין.

[5]

**גמרא ברכות נ"ה א'** - מה לתבן את הבר נאם ה', וכי מה ענין בר ותבן אצל חלום, אלא אמר ר' יוחנן משום ר' שמעון בן יוחאי ,כשם שאי אפשר לבר בלא תבן, כך אי אפשר לחלום בלא דברים בטלים.

[6]

**גמרא נדרים מ"א ע"א** – אין עני אלא בדעה.

## הקדמה קצרה לחיוב לימוד תורת הקבלה

ישמחו **ה**שמים **ו**תגל **ה**ארץ ירעם הים ומלאו. שזכינו בדור שלנו שפנימיות התורה, שהיא היא תורת הקבלה, מתפשטת לכל, וכל מקום בעולם היום לומדים בתורת הח"ן. הדור שלנו יש הרבה התעוררות ללמוד סתרי התורה הקדושה, הנקראת חכמת הקבלה. בירושלים של המאה ה18 בישיבת **בית אל** היו בקושי מנין של מקובלים, והיום תורת הקבלה מופצת בכל מקום בארץ ובעולם. לעניות דעתי אחת הסיבות העיקריות לשינוי זה הוא רצונם של בני התורה, החוזרים בתשובה ועמך לדעת את סוד החיים, למה ברא הקדוש ברוך הוא את העולם, ואת טעמי המצות, ר"ל אי אפשר היום בדור שלנו, להסביר על פי הפשט את הסיבה מדוע אסור לאכול בשר וחלב, מדוע צריך להניח תפילין, למה לשמור דווקא שבת ולא יום שלישי, אי אפשר להגיד כל הזמן **זאת גזרת הכתוב, כך רוצה הקדוש ברוך הוא,** האנשים מחפשים הסברים למצות, לסיפורי התנ"ך, לגלגולי נשמות, ועוד. ורק על ידי עסק בפנימיות התורה, אדם מסיג את ההסברים לקושיות שיש לו. **זאת ועוד** חיים אנחנו בדור של חומריות, והאנשים מחפשים את רוחניות שבחיים, אז מה עושים, נוסעים למזרח, להודו, סין, תאילנד למצוא רוחניות, ולא יודעים **ששורש כל הרוחניות בעולם נמצאת בתורה הקדושה,** עם כל זאת כאשר הלומד את פשט התורה, **הוא לא מכיר** את הקדוש ברוך הוא, והוא בלי יראת שמים ושמחה אמתית. כותב הרב המקובל האלוה"י רבינו יהודה פתייה בפרושו הנפלא על עץ חיים - כי לימוד עץ חיים הוא עמוק מאד מאד, כי הוא **מים שאין להם סוף,** והוא קשה מאד גם לחכמים ההוגים בו תמיד, וכל שכן למתחילים. כי הוא חזק מצור, וקשה מברזל, שאי אפשר לחצוב ממנו מאומה, אם לא על ידי כלי מחצב חזקים כציפורן שמיר. וכל המתחיל בלימוד עץ חיים, אם לא יהיה לו רב, או לפחות איזה מפרש המפרש לו כוונת הפרק ההוא לפי פשוטו, נבול יבול, ואינו יכול לעמוד על הפרק כי אם לאחר יגיעה רבה, ושקידה עצומה, וכולי האי ואולי. כי הרבה פעמים יסבור המעיין שהבין העניין ההוא כראוי, ואחר שילמוד עוד איזה פרקים אחרים, ירגיש כעצמו שלא הבין את פרקים הקודמים, והניסיון יעיד על זה, עד כאן דברי קודשו. עם כל זאת חייב כל אדם לעסוק בתורת **ה**חיים.

**צ**דיק אתה הוי"ה וישר משפטיך. כתב הרב רבינו חיים ויטאל ז"ל בהקדמה לשער ההקדמות - והנה מה שכתב בתחילת דבריו, ואפילו כל אינון דמשתדלי באורייתא כל חסד דעבדי לגרמייהו וכו', עם היות שפשטו מבואר ובפרט בזמנינו זה, בעוונותינו היום אשר התורה נעשית קרדום לחתוך בה אצל קצת בעלי תורה, אשר עסקם בתורה על מנת לקבל פרס, והספקות יתירות, וגם להיותם מכלל ראשי ישיבות, ודיני סנהדראות, להיות שמם וריחם נודף בכל הארץ, **ודומים במעשיהם לאנשי דור הפלגה הבונים מגדל וראשו בשמים,** ועיקר סיבת מעשיהם היא מה שאמר אחר כך הכתוב - **ונעשה לנו שם...** והנה על הכת הזאת אמרו בגמרא כל העוסק בתורה שלא לשמה, נוח לו שנהפכה שלייתו על פניו, ולא יצא לאויר העולם. ואמנם האנשים האלה מראים תימה וענוה באמרם כי כל עסקם בתורה הוא לשמה. והנה החכם הגדול התנא רבי מאיר ע"ה העיד עליהם שלא כך הוא, באומרו לשון כללות - כל העוסק בתורה לשמה זוכה לדברים הרבה וכו', **ומגלים לו רזי תורה, ונעשה כנהר שאינו פוסק,** והולך

וכמעיין המתגבר מאליו, בלתי הצטרכו לטרוח ולעיין בה, ולהוציא טיפין טיפין של מימי התורה מן הסלע, הנה זה יורה שאינו עוסק בתורה לשמה כהלכתה, ומי זה האיש אשר לא יזלו עיניו דמעות בראותו המשנה הזאת, **ורואה חסרונו ופחיתותו**, עד כאן לשונו. לכן כל אחד צריך לטעום מעץ החיים.

**ח**צות לילה אקום להודות לך על משפטי צדקך. כתב רבינו אליהו מני זצ"ל רבו של הרי"ח הטוב, בספרו הקדוש כסא אליהו שער ד' וז"ל - ואם זיכך הוי"ה ללמוד בחכמת האמת, הנה עצה היעוצה היא שכל סדר הלימוד בנגלה תתנהג בו ביום דווקא. **אבל בלילה תלמוד בחכמת האמת, והעיקר הלימוד אחר חצות**, כי זה הלימוד צריך ישוב דעת הרבה, וכשיקוץ האדם אז דעתו מיושבת עליו יותר. גם גה הלימוד צריך הסתר והצנע, **וכל דבר שיהיה בלילה ובפרט אחר חצות יהיה נסתר יותר מן היום**. ותעשה ועד עם החברים בבית המדרש אם הוא צנוע, **או בביתך ותלמדו בכל לילה**, עד כאן לשונו. וישב ללמוד האדם בלילה תחת עץ החיים.

**ק**ראתי בכל לב ענני הוי"ה חקיך אצרה. בהקדמה[7] לשער ההקדמות מבאר הרב ז"ל - ואמנם אל יאמר אדם אלכה לי ואעסוק בחכמת הקבלה, מקודם שיעסוק בתורה במשנה ובתלמוד, כי כבר אמרו רבינו ז"ל - אל יכנס אדם לפרדס **אלא אם כן מלא כריסו בבשר ויין**, והרי זה דומה לנשמה בלתי גוף, שאין לה שכר ומעשה וחשבון, עד היותה מתקשרת בתוך הגוף, בהיותו שלם מתוקן במצוות התורה בתרי"ג מצות. **וכן בהפך** בהיותו עוסק בחכמת המשנה והתלמוד בבלי, ולא ייתן חלק גם אל סודות התורה וסתריה, כי **הרי זה דומה לגוף היושב בחושך**, בלתי נשמת אדם נר הוי"ה המאירה בתוכה, **באופן שהגוף יבש בלתי שואף ממקור חיים**, אשר זהו ענין אומרו במקום אחר ההוא הנזכר לעיל וז"ל - דאילין אינון דעבדי לאורייתא יבשה, ולא בעאן לאשתדלא בחכמת הקבלה וכו'. באופן כי התלמידי חכמים העוסקים בתורה לשמה, ולא לשמו, לעשות לו שם. צריך שיעסוק בתחילה בחכמת המקרא, והמשנה, והתלמוד, כפי מה שיוכל שכלו לסבול. ואחר כך יעסוק לדעת את קונו בחכמת האמת, וכמו שציוה דוד המלך ע"ה את שלמה בנו - דע את אלה"י אביך ועבדהו. ואם האיש הזה יהיה כבד וקשה בענין העיון בתלמוד, מוטב לו שיניח את ידו ממנו, אחר שבחן מזלו בחכמה זאת, ויעסוק בחכמת האמת. וזה שמבואר כל תלמיד חכם שאינו רואה סימן יפה בתלמוד בחמשה שנים, שוב אינו רואה, עד כאן דברי קודשו. ומזה כל אחד ואחד חייב להדבק במקור החיים.

**ח**סדך הוי"ה מלאה הארץ חקיך למדני. בשער הגלגולים, בקדמה ט"ז כתב הרב ז"ל - עוד צריך שתדע, כי האדם צריך לקיים כל התרי"ג מצות, במעשה, ובדבור, ובמחשבה. וכמו שאמרו ז"ל על פסוק - זאת התורה לעולה ולמנחה וכו', כל העוסק בפרשת עולה, כאלו הקריב עולה וכו'. וכוונו בזה שהאדם מחוייב לקיים כל התרי"ג מצות בדבור, וכן על דרך זה במחשבה. ואם לא קיים כל התרי"ג בשלשה בחינות הנזכרות, מחוייב להתגלגל עד שישלים אותם. **עוד דע**, כי האדם מחוייב לעסוק בתורה בארבעה מדרגות, **שסימנם פרד"ס**, והם, פשט, רמז, דרוש, סוד וצריך שיתגלגל עד שישלים אותם. ובהקדמה י"ז כותב הרב ז"ל - שהאדם **מחוייב לעסוק בתורה בארבעה מדרגות שבה**, והיא זאת, דע, כי כללות כל הנשמות

<hr>



ע"ח ד"א ע"ד.

הם ששים רבוא ולא יותר. והנה התורה היא שרש נשמות ישראל, כי ממנה חוצבו, ובה נשרשו. ולכן יש בתורה ששים רבוא פירושים, וכלם כפי הפשט. וששים רבוא ברמז. וששים רבוא בדרש. **וששים רבוא בסוד.** ונמצא, כי מכל פירוש מן הששים רבוא פרושים, ממנו נתהווה נשמה אחת של ישראל, ולעתיד לבא כל אחד ואחד מישראל, ישיג לדעת כל התורה כפי אותו הפירוש המכוון עם שרש נשמתו, אשר על ידי הפרוש ההוא נברא ונתהווה כנזכר. וכן בגן עדן אחר פטירת האדם, ישיג כל זה. וכן בכל לילה כאשר האדם ישן, ומפקיד נשמתו ויוצאה ועולה למעלה, הנה מי שזוכה לעלות למעלה, מלמדים לו שם אותו הפירוש, שבו תלוי שרש נשמתו. ואמנם הכל כפי מעשיו ביום ההוא, כך באותה הלילה ילמדוהו, פסוק אחד, או פרשה פלונית, כי אז מאיר בו יותר פסוק ההוא משאר הימים. ובלילה האחרת יאיר בנשמתו פסוק אחר, כפי מעשיו של אותו היום, וכולם על דרך הפירוש ההוא אשר תלויה בו שרש נשמתו כנזכר, עד כאן דברי קודשו. ור"ל שכל יהודי ויהודי חייב להשיג את שורש נשמתו, וללמוד את סוד ה**חיים.**

**י**באוני רחמיך ואחיה כי תורתך שעשעי. מבואר במדרש משלי - אמר רבי ישמעאל, בוא וראה כמה קשה יום הדין שעתיד הקדוש ברוך הוא לדון את כל העולם כולו בעמק יהושפט. בזמן שתלמידי חכמים באים לפניו, אומר לכל אחד מהם - כלום עסקת בתורה, אמר לו הן, אומר לו הקדוש ברוך הוא הואיל והודית, אמור לפני מה שקרית, ומה ששנית בישיבה, ומה ששמעת בישיבה. מכאן אמרו - כל מה שקרא אדם יהא תפוש בידו, ומה ששנה כמו כן, שלא תשיגהו בושה ליום הדין. מכאן היה רבי ישמעאל אומר - אוי הלה לאותה בושה, אוי לה לאותה כלימה, ועל זה ביקש דוד מלך ישראל בתפילה ובתחנונים לפני המקום ואמר - הוי"ה בוקר תשמע קולי בוקר אערך לך ואצפה. בא לפניו מי שיש בידו מקרא ואין בידו משנה, הקדוש ברוך הוא הופך את פניו ממנו, ושרי גיהנם מתגברים בו כזאבי ערב, ונוטלין אותו ומשליכין אותו לתוכה. בא לפניו מי שיש בידו שני סדרים או שלושה, אז הקדוש ברוך הוא אומר לו - בני, כל ההלכות למה לא שנית אותם, ואם אומר הקדוש ברוך הוא הניחוהו, מוטב, ואם לאו עושין לו כמידת הראשון. בא לפניו מי שיש בידו הלכות, הקדוש ברוך הוא אומר לו - בני, תורת כהנים למה לא שנית, שיש בה טומאה וטהרה, וטומאת שרצים וטהרת שרצים, טומאת נגעים וטהרת נגעים, טומאת נתקים ובתים וטהרת נתקים ובתים, טומאת זבים ולידה וטהרת זבים ולידה, טומאת מצורע וטהרתו, סדר ווידוי יום הכיפורים, וגזירות שוות, ודיני ערכים, וכל דין שדנו ישראל לא דנו אלא מתוכו. בא לפניו מי שיש בידו תורת כהנים, אומר לו הקדוש ברוך הוא - בני, חמישה חומשי תורה למה לא שנית, שיש בהם קריאת שמע, ותפילין, ומזוזה. בא לפניו מי שיש בידו חמישה חומשי תורה, אומר לו - בני, למה לא למדת הגדה, ולא שנית, שבשעה שהחכם יושב ודורש, אני מוחל ומכפר עוונותיהם של ישראל, ולא עוד אלא בשעה שעונין אמן יהא שמיה רבה מברך, אפילו נחתם גזר דינם אני מוחל ומכפר להם עוונותיהם. בא לפניו מי שיש בידו הגדה, אומר לו הקדוש ברוך הוא - בני, תלמוד למה לא שנית, שנאמר - כל הנחלים הולכים אל הים והים איננו מלא, זה התלמוד, שיש בו חכמות הרבה. בא מי שיש בידו תלמוד, הקדוש ברוך הוא אומר לו - בני, הואיל ונתעסקת בתלמוד, **צפית במרכבה, צפית בגאוה,** שאין הנייה בעולמי, אלא בשעה שתלמידי חכמים יושבים ועוסקים בתורה, מציצין ומביטין ורואין והוגין המון התלמוד הזה - **כסא כבודי היאך הוא עומד. רגל הראשונה במה היא משמשת, שנייה במה היא משמשת, שלישית במה היא משמשת, רביעית במה היא משמשת, חשמל היאך הוא עומד, ובכמה פנים הוא מתהפך בשעה**

אחת, לאי זה רוח הוא משמש, הברק היאך הוא עומד, כמה פנים של זוהר נראין בין כתפיו, לאיזה רוח משמש, כרוב היאך הוא עומד, לאי זה רוח הוא משמש. גדולה מכולם עיון כיסא הכבוד, היאך הוא עומד, עגול הוא כמין מלבן, ומתוקן הוא, כמה גשרים יש בו, כמה הפסק בין גשר לגשר, וכשאני עובר באיזה גשר אני עובר, ובאי זה גשר האופנים עוברים, ובאיזה גשר הגלגלים עוברים. גדולה מכולם מצפורני ועד קודקודי, היאך אני עומד, כמה שיעור בפיסת ידי, וכמה שיעור אצבעות רגלי. גדולה מכולם כיסא כבודי, היאך הוא עומד, לאיזה רוח הוא משמש, באחד בשבת לאיזה רוח הוא משמש, בשני בשבת לאיזה רוח הוא משמש, בשלישי בשבת לאיזה רוח הוא משמש, ברביעי בשבת, בחמישי בשבת, בששי בשבת לאיזה רוח משמשין, וכי לא זהו הדרי, זהו גדולתי, זהו הדר יופי, שבניי מכירין את כבודי במידה הזאת. ועליו אמר דוד - מה רבו מעשיך הוי"ה, כולם בחכמה עשית, מלאה הארץ קנייניך. עד כאן לשון המדרש. ממדרש זה לומדים על חובת כל אחד ואחד מישראל את לימוד כל חלקי הפרד"ס, ובעיקר את בחינת הסוד שבתורה, הנקרא[8] מעשה מרכבה, ובמעשה בראשית. ומבאר הרב בית לחם יהודה על השינוי שיש בפסוקים במעמד הר סיני, בפסוק אחד כתוב - ויחן שם ישראל תחת ההר. ומספר פסוקים יותר מאוחר כתוב וירא העם וינועו מרחק. וידוע כי כאשר כתוב בתורה ישראל, מדובר בבני ישראל, וכאשר כתוב העם, מדובר על הערב רב. וז"ל הרב בית לחם יהודה - ובזוהר בהעלותך דף קנ"ב ע"א קרי להעוסקים בחכמת האמת, אינון דהוי קיימי בטורא דסיני. וז"ל - חכימין עבדי דמלכא עלאה אינון דקיימו בטורא דסיני, לא מסתכלי אלא בנשמתא, דאיהי עיקרא דכלא אורייתא ממש וכו'. ונראה בעיני אם מותר, משמע אותן שאינן יודעים סודות התורה לא עמדו על הר סיני, עד כאן לשונו. ונראה לי בביאור כוונתו כי בתחלה כשיצאו ישראל לקראת האלהי"ם, היו מתייצבים בתחתית ההר, ואחר כך נאמר וירא העם וינועו ויעמדו מרחוק, כי היו יראים פן תאכלם האש הגדולה הזאת וימתו. והיה מקצת מהעם שהיו ששים ושמחים לקראת השכינה, ולא רצו לזוז ממקומם הראשון, ולעמוד מרחוק, אפילו אם ימיתו ממש. ועליהם הוא מה שכתב בזוהר הנזכר - אינון דקיימו בטורא דסיני, כלומר ולא נעו ועמדו מרחוק, אלא עמדו בטורא דסיני מתחלה ועד סוף, ולכן הם זוכים לחכמת האמת. ואותם הנשמות אשר נעו עם העם ועמדו מרחוק, כן הם עושים גם עתה, שנסים ועומדים מרחוק לחכמת האמת מיראתם, פן תאכלם האש הגדולה הזאת. ולכן על כל אחד ואחד מבני ישראל הקדושים מחויב לעמוד תחת עץ החיים.

יראיך יראוני וישמחו כי לדברך יחלתי. בספר הזוהר הקדוש מבואר מדוע התפילות של בני ישראל לא נענות, וז"ל תיקוני הזוהר תיקון מ"ג - **בראשית תמן את"ר יב"ש** במלת בראשית יש אותיות את"ר יב"ש, **ודא איהו ונהר יחרב ויבש** היסוד הנקרא נהר יחרב ויבש ממי השפע, ואין לו מה להשפיע למלכות, **בההוא זמנא דאיהו יבש** באותו הזמן שהיסוד הוא יבש, **ואיהי יבשה** המלכות הנקראת יבשה, היא יבשה כי לא מקבלת שפע מהיסוד, אז כאשר **צווחין בנין לתתא** מתפללים וצועקים בני ישראל, **ביחודא ואמרין** וביחוד שאומרים בני ישראל **שמע ישראל** שיבא ז"א הנקרא ישראל להתיחד עם נוקבא בשעת התפילה דעמידה, עם כל זאת **ואין קול** של התפילה או הקריאת שמע שעוזרים לזיווג דזו"ן **ואין עונה** ואין מי שיענה וימלא את הבקשות בתפילתם. **הדא הוא דכתיב** וזהו שכתוב - **אז בני ישראל יקראונני**

---



גמרא חגיגה די"א ע"ב

בני ישראל בעת צרתם בקריאת שמע ובתפילה, **ולא אענה** ואני לא אענה אותם בתפלתם, מפני שלא לומדים ומתעסקים בפנימיות התורה. **והכי מאן דגרים דאסתלק** וכל מי שגורם הסלקות פנימיות תורת הקבלה **וחכמתא מאורייתא דבעל פה ומאורייתא דבכתב** מהתורה שבעל פה והתורה שבכתב, **וגרים דלא ישתדלון בהון** וגורמים גם לאחרים שלא יתעסקו וילמדו את חכמת הקבלה, **ואמרין דלא אית אלא פשט באורייתא ובתלמודא** ואומרים שאין בתורה ובתלמוד אלא פשט התורה, בלי פנימיות הסוד, **בודאי כאלו הוא יסלק נביעו מההוא נהר** בודאי נחשב לו כאילו הוא מסתלק את נביעת שפע החכמה והבינה מן היסוד, **ומההוא גן** ומן הנוקבא הנקראת גן, **ווי ליה** לאותו יהודי **טב ליה דלא אתברי בעלמא** טוב לו שלא היה נברא, **ולא יוליף ההיא אורייתא דבכתב ואורייתא דבעל פה** ולא היה לומד תורה שבכתב ותורה שבעל פה, כי דינו כעם הארץ שלא למד כלל, ועוד **דאתחשב ליה כאלו אחזר עלמא לתהו ובהו** שנחשב לו כאילו החזיר את העולם לתהו ובהו, ר"ל לסוד שבירת הכלים לפי שמגביר הקליפות כאשר הנהר והגן יבשים, **וגרים עניותא בעלמא ואורך גלותא** וגורם עניות בעולם ומאריך את הגלות השכינה וביאת המשיח. עד כאן דברי הזוהר הקדוש. וכותב רב חיים ויטאל זלה"ה בהקדמה וז"ל - אמנם שעשועות של הקדוש ברוך הוא בתורה, והיותו בורא בה את העולמו, היתה בהיותו עוסק בתורה בבחינת הנשמה הפנימית שבה, הנקרא - רזי תורה, הנקרא מעשה מרכבה, **היא חכמת הקבלה** כנודע אל היודעים, וטעם הדבר הוא להיותו עולם האצילות העליון מאד, טוב ולא רע, דלא יכיל להתערבא עמיה קליפה, ועליה אתמר - וכבודי לאחר לא אתן, כנזכר בספר התיקונין דף ס"ו תיקון י"ח, וכן בספר הזוהר בפרשת בראשית דף כ"ח ע"א עיין שם. ולכן גם התורה אשר שם ]**אח"י** - בעולם האצילות[ איננה רק מופשטת מכל לבושי הגופנים, מה שאין כן למטה בעולם היצירה, עולם דמטטרו'ן, הנקרא עבד טוב, והוא הנקרא עץ הדעת טוב מסטרא, ומסטרא דסמא"ל שהוא קליפין דיליה, **נקרא עבד רע**, כי התורה אשר שם, הם שית סדרי משנה **הנקראים שפחה** כנזכר לעיל, וכנזכר בפרשת בראשית שם דף כ"ז ע"א. ולכן נקראת משנה, לפי ששם יש שינויים הפוכים **טוב מסטרא דעבד טוב**, היתר, כשר, טהור. **רע מסטרא דעבד רע**, איסור, טמא, פסול. גם הוא מלשון כי מרדכי היהודי משנה למלך, שהיה שפחה הנקרא עבד מלך, מלך גם נקרא מלשון שינה, כנזכר בפרשת פינחס דף רמ"ד ע"ב - קם זמנא תנינא ואמר, מארי מתניתין נשמתין ורוחין ונפשין דילכון אתערו כען ואעברו שינתא מניכון דאיהו, ודאי משנה אורח פשט, דהאי עלמא ואנא לא אתערנא בכו, אלא ברזין עילאין דעלמא דאתי דאתון בהון, לא ינום ולא ישן. וזה יובן במה שמבואר יותר למעלה שם - **ורבנן דמתניתין ואמוראי, כל תלמודא דלהון על רזין דאורייתא סדרו ליה**. ונמצא כי המשנה והש"ס הם הנקרא גופי תורה. והנה דבריהם כחלום בלי פתרון, **ורזיה וסתריה הפנימים הנקרא נשמת התורה, הם הם פתרון החלום הנפתר בהקיץ**, בסוד - אני ישנה ולבי ער, וכמו[9] שאמרו חכמים ז"ל - **במחשכים הושיבני כמתי עולם, זה תלמוד בבלי**, אשר איננו מאיר אלא על ידי ספר הזוהר, **הם הם רזי תורה וסתריה** אשר עליהם נאמר - ותורה אור. ואין ספק כי כמו שהיוצר נקראת עבד ושפחה בערך האצילות, ונקרא קליפין ולבושין דחול, כנזכר בהקדמת ספר התיקונין ד"ג ע"ב וז"ל - וביומי דחול לביש עשר כתות דמלאכיא דמשמשי לעשר ספירות דבריאה. ואם כן אין לתמוה כי התורה אשר שם שהיא המשנה, תהיה נקרא שפחה וקליפין דתורה דאצילות, וזה סוד כל הבשר חציר הנזכר

---



סנהדרין דכ"ד ע"א.

לעיל במאמר הראשון, כי כמו שהחטה שהיא בגימטריא כמנין כ"ב אותיות התורה, הגנוזה תוך כמה קליפין ולבושין שהם הסובין והמורסן והתבן והקש והעשב, הנקרא חציר, כן המשנה אצל סודות התורה נקרא חציר, וזה נרמז בספר הזוהר פרשת כי תצא ברעיא מהמנא דף רע"ה ע"ב - **אצל רבנן ווי לאינון דאכלין תבן דאורייתא, ולא ידעי בסתרי אורייתא, אלא קלין וחמורין דאורייתא, קלין אינון תבן דאורייתא, וחמורין אינון חטה דאורייתא, ח"ט ה' אלנא דטוב ורע וכו'**. ואלו באתי להרחיב דרוש זה לא יספיקו מאה קונטרסין בלי ספק בלי שום גוזמא, האמנם החכם עיניו בראשו כי דברי אמת אני אומר, ואל יתמה האדם בראותו ספר הזוהר איך קורא אל המשנה שפחה וקליפין, כי עסק המשנה כפי פשטיה, **אין ספק שהם לבושין וקליפין חיצונים בתכלית אצל סודות התורה הנגנזים**, ונרמזים בפנימיותה כי כל פשטיה הם בעלם הזה בדברים חומרים תחתונים..... על כן על כל בני ישראל לאכול מעץ החיים.

מה אהבתי תורתך כל היום היא שיחתי. ומבאר הרב ז"ל בהקדמה לשער המצות, כי עסק לימוד פנימיות התורה הוא חלק בלתי נפרד מתלמוד תורה, וז"ל - גם בענין עסק התורה שהיא אחת מרמ"ח מצות עשה, אם לא השלים אותה, **שהוא ענין עסקו בפרד"ס התורה**, שהוא ראשי תיבות **פשט רמז דרש סוד**, בכל בחינה מהם כפי אשר יוכל להסיג, **עד מקום שידו מגעת**, לטרוח ולעשות לו רב שילמדנו. ואם לא עשה כן, הרי חסר מצוה אחת של תלמוד תורה, שהיא גדולה ושקולה ככל המצות, וצריך **להתגלגל** עד שיטרח הארבעה בחינות של פרד"ס כנזכר. וכן מבאר הרב בית לחם יהודה בהקדמתו הקדושה, וז"ל - ומה מאד נמלצו **[אח"י** - מלשון מליצה] בזה דברי הנביא ירמיה )סימן כ"ב( באומרו - אל תבכו למת וכו'. שהוא מדבר עם הציבור המתקבצים להספיד על איזה צדיק הנפטר רח"ל, על שנחסר צדיק אחד מהדור שהיה מנין בזכותו עליהם. וקאמר להו הנביא אל תבכו וכו', **לפי שרובם של צדיקים אינם זוכים לעסוק בכל ארבעה חלקי הפרד"ס, ואם כן מוכרחים הם לחזור ולבוא בגלגול כדי להשלים לימודם בארבעה חלקים**, כי אפילו הוא עסק בשלוש חלקי הפרד"ס, לא יצא ידי חובתו, ועליו נאמר הן כל אלה יפעל א"ל פעמים שלש עם גבר, להחזירו בגלגול. ואם כן הויא פסידא דהדרא. ואפשר שבו ביום שנפטר הוא חוזר ומתגלגל, כנזכר בזוהר ריש פרשת אמור, יעו"ש. ואם כן אין לכם פסידא כל כך. אמנם בכו בכו להלך, לאותו צדיק שכבר עסק בארבעה חלקי הפרד"ס. כי תיבת להלך היא חסר ו', ואם תחשוב תיבת להלך ארבעה פעמים עם ארבעה הכוללים, שהם כנגד ארבעה חלקי הפרד"ס, הם בגימטריא פרד"ס. **שזה הצדיק לא ישוב עוד וראה את ארץ מולדתו, כי על ארבעה לא אשיבנו.** שזהו פסידא דלא הדרא באמת, ונחסר לגמרי מן העולם הזה, עד כאן לשונו. ולכן חובה על כל אדם לעסוק בכל חלקי הפרד"ס, ובפרט בחלק הסוד, הנקרא פנימיות התורה, כמבואר בזוהר הקדוש כמובא בזוהר הקדוש פרשת נשא דף קכ"ד - **בהאי חבורא דילך דאיהו ספר הזוהר יפקון ביה מן גלותא ברחמי**, בזכות הלימוד בספר הזוהר הקדוש, יצאו בני ישראל מהגלות **ברחמים**. ועוד כל מי שחשקה נפשו ללמוד, אסור למנוע זאת ממנו, בסוד הפסוק[10] - אל תמנע טוב מבעליו, ועל כל אדם להיכנס לפרד"ס החיים.

---



**משלי ג' כ"ז** – אל תמנע טוב מבעליו בהיות לאל ידך לעשות.

**א**שרי האיש אשר לא הלך בעצת רשעים ובדרך חטאים לא עמד ובמושב לצים לא ישב. דע כי יהיו הרבה אנשים רשעים, שינסו למנוע מבני ישראל הקדושים ללמוד בכללות תורה, ובפרט את תורת הקבלה, מכל מיני סיבות ומניעות, והשטן מדבר מגרונם של אלו הרשעים. ואלו דברי קודשו של בעל שבט מוסר רבינו אליהו הכהן האתמרי זצלה"ה - ובהביטך בן אדם מה שעבר על אחרים למה תרדוף אתה אחר כל אלה הדברים הזרים, להשביע נפש מרורים ולמוסרה ביד צרים המה המקטרגים הצוררים, ולמה לא תחמול על נפשך ועל נועם תבנית צלם גופך למוסרו בידן ולהשליכו בתוך גחלי רתמים בטיט היון של גיהנם, להשחירו ולהתיכו כאשר ניתך הזפת בפני האש, אשר על כן תן עצה אתה בנפשך **לברור בדרך החיים בעסק התורה והמצות**, וגם להצטער עצמך זמן קצוב הם חיי עולם הזה, כדי שתתענג זמן רב בלתי סוף ותכלית, ואל יעלה על דעתך כאשר עלה בדעת הרבה שנאבדו בידם באומרם כיון שמכיר אני בעצמי שאין בדעתי להבין ולהשכיל, איני עוסק בתורה, טועה הוא בדבר, שהרי הוא מחוייב לעשות מה שנצטוה לעשות, ואם יבין יבין, **שהרי והגית בו יומם ולילה כתיב** ולא כתיב ותבין בו, וכן תמצא בדברי התנא אם למדת תורה הרבה נותנין לך שכר הרבה, ואינו אומר אם הבנת הרבה, אלא למדת אמרו, ותשתדל להבין ואם תבין תבין, ואם לא שכר לימודך בידך, וכמאמר התנא לפום צערא אגרא, ומה גם שאמרו האדם איני לומד מפני שאיני מבין, **הוא פיתוי היצר**, יתמיד בלימודו וסוף הבינה לבא, שבראות קדוש ברוך הוא **חשקו בתורתו ודבקותו בה, פותח לו מעייני החכמה**, דכתיב - כי הוי"ה יתן חכמה מפיו דעת ותבונה. והנני מוסר לך דבר אשר תרדוף אחריה, ויהיה חיים לנפשך וענקים לגרגרותיך, **לעולם יהיה עיקר לימודך בדבר של תורה שליבך חפץ יותר**, אם בגמרא גמרא, ואם בדרוש דרוש, ואם ברמז רמז, **ואם בקבלה קבלה**, ורמז לדבר כי אם בתורת הוי"ה חפצו, כלומר תורת הוי"ה תלויה בדבר שלבו חפץ לעסוק, וכמו שמבאר האר"י זלה"ה בספר דרושי הנשמות והגלגולים פרק שלישי, וז"ל - יש בני אדם שכל חפצם ועסקם בפשטי התורה, ויש שעוסקם בדרוש, ויש ברמז, ויש גם כן בגימטריות, **ויש בדרך האמת**, הכל כפי מה שעליו נתגלגל בפעם ההוא, כיון שהשלים פעם אחרת בשאר העניינים, אין צורך לו שבכל גלגול יעסוק בכולם, עד כאן לשונו. **ואל תביט ותשגיח לדברי המתנגדים על מה שחשקת לעסוק בתורה** בגמרא או בפשט או בדרוש וכו', באומרם לך למה אתה מוציא כל ימיך בפרט זה של תורה ולא בפרט זה, משום שעל מה שחשקת ללמוד, על דבר זה זה באת לעולם, ואם תשים דעתך לדבריהם, יכריחוך להתגלגל בזה העולם פעם אחרת ולעבור נפשך בחרב חדה של מלאך המות ולטעום טעם מיתה, ולכן לא תשמע לדברי המשחית נפשך, **כי דע שהשטן מתלבש באלו האנשים לדאוג ולהצטער ולהכאיב נפש הלומד ועוסק בתורה**, בחלק שֶׁאָוְתָה נפשו לעסוק, כדי להבדילו משם שלא ישלים נפשו, על מה שבא להשלימה, ולהכריחו גלגולים אחרים, וכשם שבדבר שחושק יותר האדם ללמוד, משם יבין שעל דבר זה נתגלגל להשלים, כך צריך האדם שידע שורש נשמתו ומהיכן נמשך ועל מה בא לתקן ולהשלים, כמו שאמר בזוהר שיר השירים על הגידה לי את שאהבה נפשי וכו'. **וכדי שיבין יראה באיזה מצוה תקיף יצרו יותר לבטלה יתחזק בה לקיימה, כי בוודאי על מצוה זו נתגלגל**, וכדי שלא ישלים חוקו מנגדו יצרו לבטלה להוציאו מן העולם בידים ריקניות... ולכן לא תשמע לדברי רשעים אלו, אלא תשמע לדברי חיים.

חבר אני לכל אשר יראוך ולשמרי פקודיך. בסוף[11] עץ חיים מובא מספר כללים למהרח"ו, וז"ל - להאר"י זלה"ה. הרמב"ן וחביריו ודברי ראשונים כמו רבי נחוניא בן הקנה לא הזכירו רק עשר ספירות, ולא גילו ענייני פרצוף כלל. **ודע שהרמב"ן והראשונים היו יודעים בפרצוף**, אלא שדברו בהעלם גדול, לרוב הגלות שלא ניתן רשות לגלות, ולהתפשט האורות הגדולים, מאחר שגברו הקליפות, וכל זר לא יאכל קדש. **אמנם בעקבות משיחא כמו בדורינו זה התחילו האורות להתפשט להיות כבראשונה**, כמו שהיה בזמן העולם מתוקן ולהתתקן מעט. ומתחלה היו האורות סתומים, היה העולם מקולקל, וכל מה שנתקלקל נסתם בגלות, ולא היו משיגין אלא עשר ספירות בסתום, בסוד הנקודות, כל אחד כלול מעשר, ובענין הפרצופים לא נתגלה להם כלל, לפי שמצאו בדברי הראשונים סתומים, ולא ידעו עומק הדברים, וחשבו שכך הוא ודברו בעשר ספירות כל אחד כלול מעשר ובחינות הרבה, ולפי שראיתי מי שחולק על דברים אלו לאמור שלא מצינו אלא עשר ספירות, ומהיכן יש לשלוט כח לאמור כמה פרצופים שנמצא יותר מעשר ספירות, ומספר רב והלא הראשונים כתבו בספר יצירה - עשר ולא תשע, עשר ולא י"א, לזה באתי לפתוח לך כחודא דמחטא, אולי תזכה להבין מקצת, וכולו לא תשורנו עין, וזהו. ובהקדמתו[12] הקדושה כותב הרב ז"ל - והנה אין בכל דור ודור שלא נמצאו בו אנשים יחידי סגולה ששרתה עליהם רוח הקודש, והיה אליהו הנביא ז"ל נגלה עליהם, **ומלמד אותם סתרי החכמה הזאת**, וכמו שנמצא כתוב בספרי המקובלים, גם בעל ספר הרקנטי כתב בפרשת נשא בפרשת ברכת כהנים..... ואנשי לבב שמעו לי, אל יהרסו אל הוי"ה, **לראות בספרי האחרונים הבנויים על פי השכל האנושי**, ושומע לי ישכון בטח ושאנן מפחד רעה. ולכן אני הכותב הצעיר חיים וויטאל, רציתי לזכות את הרבים **בהעלם נמרץ והמשכילים יבינו**, וקראתי שם החבור הזה על שמי **ספר עץ חיים**, וגם על שם החכמה הזאת העצומה, חכמת הזוהר, הנקרא עץ חיים, ולא עץ הדעת כנזכר לעיל, בעבור כי בחכמה הזאת טועמיה חיים זכו, וזכו לארצות החיים הנצחיים, **ומעץ החיים הזה ממנו תאכל, ואכל וחי לעולם**. ואשכילך ואורך דרך זו תלך דע מן היום אשר מורי זלה"ה החל לגלות זאת החכמה, **לא זזה ידי מתוך ידיו אפילו רגע אחד**, וכל אשר תמצא כתוב באיזה קונטריסים על שמו ז"ל, ויהיה מנגד מה שכתבתי בספר הזה, **טעות גמור הוא, כי לא הבינו דבריו, ואם יש בהם איזה תוספות שאינו חולק עם ספרינו זה, אל תשית לבך בקבע אליו, כי שום אחד מהשומעים את דברי קדשו, לא ירדו לעומק דבריו וכוונתו, ולא הבינום**, בלי שום ספק. ואם יעלה לחשוב שתוכל לברור הטוב ולהניח הרע, אל בינתך אל תשען, כי אין הדברים האלו מסורים אל לב האדם כפי שכל אנושי, והסברא בהם סכנה עצומה, ויחשב בכלל קוצץ בנטיעות חס ושלום, לכן הזהרתיך ואל תסתכל בשום קונטרסים הנכתבים בשם מורי זלה"ה, זולתי במה שכתבנו לך בספר הזה, **ודי לך בהתראה זאת**, אלו הם דברי קודשו. ועלינו ללמוד אך ורק בתורת מורינו חיים.

אני קראתיך כי תענני אל הט אזנך לי שמע אמרתי. עוד כתב הרב ז"ל בהקדמתו תנאים כדי לזכות לחחכמה הקדושה הזאת, וז"ל - אני הכותב משביע בשמו הגדול יתברך, לכל מי שיפלו

---

[11]

**ע"ח ח"ב דקי"ט ע"א.**

[12]

**ע"ח ד"ד ע"ב.**

הקונרטסים אלו לידו, שיקרא הקדמה זאת, ואם אותה נפשו לבוא בחדרת החכמה זאת, יקבל עליו לגמור ולקיים כל מה שאכתוב ויעיד עליו יוצר בראשית, שלא יבוא אליו היזק בגופו ונפשו, ובכל אשר לו, ולא לאחרים. תחת רודפו טוב והבא לטהר ולקרב. **ראשית הכל יראת הוי"ה, להשיג יראת העונש, כי יראת הרוממות, שהוא יראה הפנימית, לא ישיגוהו רק מתוך גדלות החכמה**, ועיקר מגמתו בידיעה הזה יהיה לבער קוצים מן הכרם, כי לכן נקראים העוסקים בחכמה הזאת מחצדי חקלא. **ובודאי שיתעוררו הקליפות נגדו לפתותו ולהחטיאו, לכן יזהר שלא לבוא לידי חטא אפילו שוגג**, שלא יהיה להם שייכות בו, לכן צריך ליזהר מהקלות, כי הקדוש ברוך הוא   מדרדק עם הצדיקים כחוט השערה, לכן צריך לפרוש עצמו מבשר ויין כל ימות השבוע, **וצריך הזהרת סור מרע ועשה טוב**, ובקש שלום צריך להיות רודף שלום, ולא להקפיד בביתו על דבר קטן וגדול, וכל שכן שלא יכעוס ח"ו.

וצריך להתרחק בתכלית הריחוק סור מרע.

**א.** ליזהר בכל דקדוקי מצות, ואפילו בדברי חכמים, שהם בכלל לא תסור.

**ב.** לתקן המעוות קודם שיבא לעולם הבא.

**ג.** יזהר מהכעס, אפילו בשעה שמוכיח את בניו, לא יכעוס כלל ועיקר.

**ד.** גם צריך ליזהר מהגאוה, ובפרט בענין הלכה, כי גדול כחה והגאוה, בזה עון פלילי.

**ה.** בכל צער שיבא לו, יפשפש במעשיו ויישוב אל הוי"ה.

**ו.** גם יטבול בעת הצורך לו.

**ז.** גם יקדש את עצמו בתשמיש המטה שלא יהנה.

**ח.** שלא יעבור כל לילה ויחשוב בכל לילה מה שעשה ביום, ויתודה.

**ט.** גם ימעט בעסקיו ואם אין לו פרנסה כי אם על ידי משא ומתן, יכין יום שלישי ויום רביעי, מחצי היום ואילך, ובכוונה שהוא לעבודת קונו.

**י.** כל דבור שאינו של מצוה והכרחי, יהיה זהיר ממנו, ואפילו דבר מצוה ימנע בשעת התפלה.

ועשה טוב

**א.** לקום בחצי הלילה, ולעשות הסדר בשק ואפר ובכי גדול, ובכוונה כל אשר יוציא בשפתיו. ואחר כך יעסוק בתורה כל זמן שיוכל להיות בלי שינה, ובלבד שחצי שעה קודם עלות השחר יתעורר לעסוק בתורה.

**ב.** ילך לבית הכנסת קודם עלות השחר, קודם חיוב טלית ותפילין, להיזהר שיהיה מעשרה ראשונים.

**ג.** קודם שיכנס, ישים אל לבו מצות עשה ואהבת לרעך כמוך, ואחר כך יכנס.

**ד.** להשלים רמז צדיק בכל יום. שהוא צ' אמנים, ד' קדושות, י' קדישים, ק' ברכות.

**ה.** שלא להסיח דעתו מהתפילין בעת התפילה, זולת בעת העמידה ועסק התורה.

**ו.** צריך שיהיה עוסק בתורה, מעוטף בטלית ותפילין.

**ז.** לכוין בתפלה הכוונות, כמו שנבאר בע"ה.

**ח.** שישים תמיד נגד עיניו שם בן ארבעה אותיות הוי"ה, ויזדעזע ממנו, כמו שכתוב - שויתי הוי"ה לנגדי תמיד.

**ט.** שיכוין בכל הברכות, בפרט בברכת הנהנין.

י. צריך שיהיה עמל בתורה פרד"ס, שנאמר או יחזיק במעוזי, ואל יחשוב שיגלו לו רזי התורה בהיותו ריק, כדכתיב - יהב חכמתא לחכימין, וצריך ליזהר שלא יוציא בשפתיו בחכמה זו, מה שלא שמע מאדם שראוי לסמוך עליו, וכאזהרת רשב"י וחבריו. השגת החכמה תנאי הראשון, צריך למעט דבורו, ולשתוק, כל מה שיוכל כדי שלא להוציא שיחה בטילה, כמאמר רז"ל - סייג לחכמה שתיקה. גם תנאי אחר, על כל דבר תורה שלא תבינהו, תבכה עליו כל מה שתוכל. גם עלית הנשמה בלילה לעולם העליון, שלא תשוט בהבלי העולם, תלוי שתישן בבכיה. ומרת עצבות מגונה עד מאוד, ובפרט להשיג חכמה, והשגה אין לך דבר מונע השגה יותר מזה. גם בענין השגת האדם, אין לך דבר שמועיל כמו הטהרה והטבילה, שיהיה האדם טהור, בכל עת ומורי זלה"ה עם היות לו חולי השבר שהקור מזיק לו, עם כל זה לא היה מונע מלטבול בכל עת, עד כאן דברי קודשו. ועלינו לקיים את בקשת הרב ז"ל את הבחינות של[13] סור מרע ועשה טוב, כדי לטפס בעץ החיים.

מרן הרש"ש מעיד[14] על עצמו, וז"ל - וראיתי מה שכתבו מעלת כבוד תורתם, על ענין עבודת הוי"ה שקצרתי במקום שהיה ראוי להרחיב מעט הדיבור, אמת הוא כי לכתחילה קצרתי בו, **יען ראיתי כמה מהבזק יצא ממה שכתבו בזה המקובלים שקדמו, כי רבים חללים הפילו, וחלול כבוד הוי"ה, וכבוד התורה. הוי"ה יכפר בעדם, כי כל דבריהם לא על פי התורה הם, ואינם מיוסדים על האמת, ומהם יצאו אבות, ומאבות תולדות הריסת יסודי התורה ח"ו, הוי"ה יכפר. וכל זה לא שלמדתי בדבריהם ח"ו,** אלא שפעם אחת הוכרחתי בעל כרחי לעיין בדף אחד שכתוב בו קצור מה שכתבו בענין זה, **וכמעט שקרעתי בגדי לראות דברים אשר לא כן על הוי"ה. הוי"**ה יכפר, וכבר מילתי אמורה להם, **כי עידי בשמים כי כל עסקי ולמודי, אינו רק בדברי האר"י זלה"ה, ותלמידו מהרח"ו ז"ל לבדם, ובלעדם אין לי עסק בשום ספר מספרי המקובלים ראשונים ואחרונים, ואפילו בדברי שאר תלמידי האר"י ז"ל לא למדתי, וכשיזדמן לפני דבר מדבריהם, אני מדלגו.** כי על כן איני כמזהיר, אלא כמזכיר, למען הוי"ה אל יהי לכם מגע יד בדבריהם, ובפרט בענין זה, השמרו לכם פן יפתה לבבכם, **אלא כל לימודם לא יהיה אלא בעץ חיים ובספר מבוא שערים ובשמונה שערים המפורסמים,** שכולם דברי אלהי"ם חיים. ואני קצרתי בענין זה מה שאפשר, כי יראתי פן יפלו דפים אלו ביד מי שעדיין לא למד דברי האר"י ז"ל כראוי, **ויחשידני שלמדתי בספרים אחרים, ולא כן הוא כאמור,** ולכן קצרתי בו, ופיזרתי בהקדמה, עד כאן דברי קודשו של מרן הרש"ש. ואנחנו תפילה שיתגלה משיח צדיקנו במהרה בימינו, ומלאה[15] הארץ דעה את הוי"ה כמים לים מכסים, דעת תורת החיים.

---


[13]

**תהלים ל"ד ט"ו** – סור מרע ועשה טוב בקש שלום ורדפהו.

[14]

**נהר שלום דף ל"ד ע"א.**

[15]

**ישעיהו י"א ט'** – לא ירעו ולא ישחיתו בכל הר קדשי כי מלאה הארץ דעה את הוי"ה כמים לים מכסים.

**כתב** רבינו גאון הקבלה רבי אליהו מני, רבו של הרי"ח הטוב, רבי יוסף חיים בעל הספר "בן איש חי", בספרו הקדוש **כסא אליהו** כי על הלומד ללמוד כל מאמר ומאמר ארבעה חמשה פעמים בלי המפרשים, וינסה להבין את המאמר בעצמו. ואחר כך ילך לראות אם כיוון לדעת המפרשים.

וכן אני הקטן מבקש בכל לשון של בקשה, ללמוד את הדרוש כמו שהוא מובא בספר עץ חיים, ארבעה חמישה פעמים, כדי לנסות להבין את הדרוש. וכל דרוש מובא בתחילת הספר במלואו.

אחר כך יכנס ללמוד את הדרוש עם ביאור הדברים, עוד ארבעה חמישה פעמים, ואחר כך יראה את המקורות להגהות, ודברי רבותינו הקדושים, עם התרשימים וטבלאות.

ואז יעלה ויצליח בלימוד תורת האר"י הח"י.

**כתב** רבינו **השד"ה** רבי שאול דוויק הכהן, בהקדמת ספרו איפה שלימה, על אוצרות חיים וז"ל - וכדי שיוכל לעלות לימודו למעלה, ריח ניחוח לה'. קודם כל לימוד ימסור עצמו על קדושת ה', כי זה מועיל מאוד, כמו שכתוב בשער הכוונות דף כ"ד ע"ב, כי עתה בזמנינו בעונותינו הרבים אין יכולת לעשות זווג כתיקונו למעלה, ולסיבה זו הקץ מתארך וכו'. אמנם עם כל זה יש קצת תיקון במה שנמסור נפשינו על קידוש ה' בכל הלב, כי על ידי כן אפילו אין בנו שום מעשים טובים, והרשענו עד להפליא. הנה על ידי מסירת נפשינו להריגה, מתכפרים עונותינו כולם, ויש בנו יכולת לעלות עד אימא עילאה, כמו שאמרו חז"ל - גדולה תשובה שמגעת עד כסא הכבוד, שנאמר - שובה ישראל עד ה' וכו', עד כאן דבריו.

## וזה הסדר

יקבל עליו ארבע מיתות בית דין, מארבעה אותיות הוי"ה וארבעה אותיות אדנ"י, וליחדם על ידי ארבעה אותיות אהי"ה ועל ידי עסמ"ב

| | | | |
|---|---|---|---|
| סקילה י **א** וליחדם על ידי **א** | | יוֹד הֹי ויו הֹי |
| שרפה ה דֹ וליחדם על ידי הֹ | | יוֹד הֹי ואו הֹי |
| הרג ו גֹ וליחדם על ידי י | | יוֹד הֹא ואו הֹא |
| וחנק הֹ י וליחדם על ידי הֹ | | יוֹד הֹה וו הֹה |

לְשֵׁם יְזזוּד

קֻדְשָׁא בְּרִיךְ הוּא וּשְׁכִינְתֵּהּ

יאהדונהי

בִּדְזזִילוּ וּרְזזִימוּ      וּרְזזִימוּ וּדְזזִילוּ

יאההויהה      איההיוהה

לִיַחֲדָא אוֹתִיּוֹת י"ה בְּו"ה, בְּיִזזוּדָא שְׁלִים

יְהֹו"ה

בְּשֵׁם כָּל יִשְׂרָאֵל, לְאַקְמָא שְׁכִינְתָּא מֵעַפְרָא, הָרֵינִי לוֹמֵד בַּסֵּפֶר קַבָּלָה פְּלוֹנִי שֶׁהוּא כְּנֶגֶד תִּפְאֶרֶת דז"א בְּעוֹלַם הָאֲצִילוּת שֶׁבּוֹ שֵׁם מ"ה כָּזֶה יוֹ"ד הֵ"א וָא"ו הֵ"א לַעֲשׂוֹת מֶרְכָּבָה. וִיהִי רָצוֹן מִלְּפָנֶיךָ ה' אֱלֹהֵינוּ וֵאלֹהֵי אֲבוֹתֵינוּ שֶׁתִּזְכֵּךְ רוּחֵנוּ וְנַפְשֵׁינוּ שֶׁיְּהִי רְאוֹיִם לְעוֹרֵר מַיִן תַּתָּאִין עַל יְדֵי קְרִיאַת סֵפֶר הַקַּבָּלָה הַזֹּאת. וִיהִי נֹעַם יְהֹוָה אֱלֹהֵינוּ עָלֵינוּ וּמַעֲשֵׂה יָדֵינוּ כּוֹנְנָה עָלֵינוּ וּמַעֲשֵׂה יָדֵינוּ כּוֹנְנֵהוּ.

בָּרוּךְ ה' לְעוֹלָם אָמֵן וְאָמֵן, נֶצַז, סֶלָה, וָעֶד.

## <u>שער ו' פרק ו'</u>

**הנה** בעולם העקודים בעת ירידת האורות של הי"ס שבו למטה היה אור נמשך להם מן המאציל בבחי' אור ישר ואח"כ בחזרתן לעלות למעלה הנה נמשך להם האור בבחי' אור חוזר. וצריכים אנו להודיעך עתה בהקדמה אחרת כוללת כל העולמות )נ"א כלולה בכל המקום( והוא בענין חזרת האורות אל המאציל כי זולת מה שביארנו במ"א כי אע"פ שהם עולין ומסתלקין הנה הם ממשיכין מלמעל' למטה מן המאציל אור הנקרא אור חוזר עוד יש בחי' אחרת גדולה ורב התועלת והוא כי לעולם אפילו כשמסתלקין אינם מסתלקין לגמרי בכל בחינותיהן עצמן ועולין אמנם מניחין מכהן ומבחי' עצמן קצת הארה למטה במקום אשר עמדו שם בראשונה וזה הארה אינה נעקרת משם לעולם ועד אף גם בעת עלותן למעלה הארה הזאת נקרא רשימו בסוד שמני כחותם על לבך הנזכר סוף פ' משפטים בסבא דקי"ד ע"א. והטעם הוא כי האורות העליונים הם לאורות התחתונים בבחי' האב על הבנים אשר חשקו תמיד להשפיע בהם כמבואר אצלינו בכבוד אב ואם כי ניצוץ א' מהאב נמשך אל הבן ואינו זז ממנו לעולם וכן הענין בכאן בי"ס כי העליונים מניחין במקום הא' קצת הארה הנקרא רשימו כדי שמשם יומשך הארה לתחתונים ונמצא כי בהעלות הכתר ובהסתלקותו מניח רשימו אחד במקומו בכלי ההוא שלו כדי להאיר ממנו לחכמה אשר תחתיו אחר שהוא עצמו יעלה ויסתלק )נ"א אחרי שיעלה ויסתלק( ואחר שהוא עלה ונסתלק אז נמשכת הארה אל אור החכמה מאותו הרשימו שהניח הכתר בכלי שלו ואע"פ שאח"כ יתעלה ויסתלק ג"כ אור חכמה אל המאציל אע"פ כן אותו רשימו שנשאר בכלי של כתר אינו זז ממנו אף אחר שעלה החכמה אל המאציל. וכן אח"כ כשעלה החכמה למאציל מניח רשימו בכלי שלו להאיר ממנו לבינה אחר הסתלק עצמו ואף גם אחר עלות בינה למאציל אין רשימו של חכמה מסתלק מכלי החכמה ועד"ז כולם עד היסוד אבל אור המלכות כאשר מסתלקת אינה מנחת רשימו בכלי שלה לפי שאין שום ספירה תחתיה לקבל הימנה ואע"פ שעתיד להיות עולם אחר )נ"א שיש עולמות אחרות( תחתיה מקבלים מינה אינה היא מסוג שלהם. ואין לה דביקות עמהם כמו שיש דביקות אל הי"ס דבכל עולם ועולם בפ"ע נמצא כי כל אותן הספי' הם מניחין רשימו במקומן ובכלי שלהן כאשר רוצין להסתלק ולעלות. אמנם אור המלכות אינו מניח רשימו בכלי שלה רק מן הרשימו שמשאיר אור היסוד בכלי שלו משם נמשך הארה אל כלי של המלכות אחר הסתלקות האור שלה וזה סבה אחרת למה נקרא מלכות עניה דלית לה מגרמה כלום וגם נקרא אספקלריא דלא נהרא והטעם הוא כי הכלי שלה בהעלותה והסתלק האור ממנה לא נהרא כלום כי לא נשאר בה שום אור אפי' בבחי' רשימו ואפי' חיות הכלי ההוא אור שלה רק מבחי' הרשימו שנשאר בכלי יסוד כנ"ל ומשם מחיה ומאיר בכלי המלכות וזה אומרו דלית לה מגרמה כלום.

**הנה** נתבאר לנו ע"י ב' הקדמות אלו איך הכלים של הספי' אף בעת חזרת אורותיהן והסתלקותם אל המאציל עכ"ז יש בהם ב' מיני אורות א' הנקרא אור חוזר והוא דין והב' הוא אור הנשאר בכלי הנקרא רשימו אשר הוא אור ישר והוא רחמים כי הרי )נ"א גם( הוא נשאר

שם מבחי' האורות אשר יצאו למטה בבחי' אור ישר. ונמצא כי בעוה"ז של העקודים אע"פ שעדיין בעת הזאת לא נגמרה מלאכת הכלים עכ"ז בחינותיהן ומציאותן שמהם נתהוו )נ"א נתהווה( שהוא אור העב )נ"א שהוא כלי מחובר עם אור( המחובר עם האור הזך כנ"ל במקומו כבר היה שם ובחזרת האור הזך למעלה נשאר אור העב למטה שהוא בחי' הכלים עצמן ושם בזה האור העב שהוא הכלים שם הניחו האורות הזכים ב' בחי' )נ"א ושם הניחו האורות מהם הנ"ל א' אור ישר רשימו וב' אור חוזר. וכבר ביארנו במ"א כי בהעלות האורות למעלה ניתוסף בהם איזה בחי' ובעלות אור הכתר במאציל ניתוסף באור המלכות או"מ התחתון שהיא בחי' חיה וניתוסף באור הז"א ג"כ אור א' יותר על מה שהיה לו בתחילה טרם חזרת עליית האורות והוא יחידה פנימית ובאור בינה ניתוסף חיה ובאור חכמה ניתוסף נשמה. אח"כ עלתה אור החכמה במאציל וחזרו אורות שאר הספי' שתחתיה לנסוע נסיעה ב' עד שנמצא אור של בינה במקום כתר. ואור המלכות במקום הוד, ועתה ניתוסף באור המלכות מקיף עליון של יחידה, ובאור ז"א מקיף תחתון של חיה, ובאור בינה יחידה פנימית, ועתה המלכות כבר נשלמה בכל בחינותיה. ואח"כ אור הבינה עלתה במאציל ואז עלה אור החסד דז"א במקום כתר ואור המלכות במקום נצח ואז ניתוסף בז"א לבדו או"מ העליון של יחידה ועתה כבר נשלם גם הוא בכל בחי' ומכאן ואילך בעלות שאר אורות התחתונים לא היתה עוד תוספות לז"א ולא לנוקבא כי כבר נשלמו כנ"ל כי מעולם העקודים ואילך לא יצאו רק ב' מקיפים עליונים לבד שהם מקיף של חיה ומקיף של יחידה. ודע כי זה שאמרנו כי בחזרת כל אור ואור להתעלות במאציל היה ניתוסף הארה ושלימות גמור באורות שתחתיו אין הדבר הזה )נ"א אין זה מדבר( בהיותן עולין ומסתלקים כי אדרבא אז היה חסרון אור בכל האורות שתחתיו. לפי שכיון שאורות ראשונים הפכו פניהם לעלות ולידבק במאציל אין רצונם להאיר למטה וגם המאציל אינו מאיר באורות תחתונים כי באמת אורות עליונים בהיותם מסתלקים הם מפסיקים בין המאציל אליהם כי העליונים אינם רוצים לקבל הארה לתת לתחתונים בעודם חשקים ותאבים לעלות להדבק במאציל ואדרבא יש חסרון באורות התחתונים ממה שהיה להם בראשונה אמנם תוס' אורות הנ"ל אינם אלא לאחר שנגמר האור העליון להתעלות בשורשו.

**ונבאר** סדר ענין זה איך זה הנה כי כאשר התחיל הכתר לעלות בראשית כל שאר האורות ולהתעלם בשורשו ובמאצילו אז בעודו עולה ומסתלק גם יחידה פנימית שניתן למלכות בעת ירידת הכתר היתה עתה מסתלקת ממנה וכן בחי' חיה פנימית שבז"א שנמשכת לו בעת ירידת הכתר היתה עתה מסתלקת ממנו ומן הבינה מסתלק הנשמה ומן החכמה הרוח. ואמנם עדיין נשארו בכולם רשימו של אותן האורות שהוא רשימו דנשמה ורשימו דרוח וכיוצא בזה כי אף על פי שנסתלקו האורות לא היתה כוונתן להסתלק לגמרי לעולם לכן רושם האורות שהיו באלו אורות תחתונים נשאר במקומן כי אפי' בהסתלקותן בהכרח מאירין קצת הארה בתחתונים דאל"כ יתבטלו לגמרי כמ"ש בע"ה. ואחר אשר הושלם אור הכתר להסתלק ולהתעלם במאציל לגמרי אז כל האורות שתחתיו חוזרים להאיר כבראשונה ממש וגם ניתוסף בהם אורות הנוספות כנ"ל. וטעם הדבר הוא כי הנה כי כאשר נשלם הכתר להתעלם במאציל גם

שאר אורות עלו במדריגה א' יותר ממה שהיה להם בתחלה וכולן עלו זא"ז עד שנמצאת אור
המלכות במקום שהיה בו בתחלה אור היסוד והיא יותר קרובה מדריגה א' אל המאציל ממה
שהיה בתחלה והיא מקבלת עתה מן המאציל כל מה שהיה בה בתחלה והיא יחידה פנימית ועוד
אור הנוספת שהוא מקיף התחתון דבחי' חיה כנ"ל וכן היה הענין בז"א ובחו"ב שכולם חזרו
לקבל הארה א' עם תוספות האורות. וכן כאשר גם אור החכמה היה מסתלק לעלות אל מקום
אור הכתר אז מסתלק מאור )נ"א מתוך( המלכות מה שקבלה ע"י אור החכמה וכן מכל שאר
האורות והוא בחי' חיה פנימית מן המלכות וכעד"ז בשאר אורות ז"א ובינה ולא נשאר בהם רק
בחי' רשימו בלבד כנ"ל וכאשר נגמרה עליית אור של חכמה במקום כתר אז חזר בחי' האור
כבראשונה להאיר להם כל הבחי' שהיו בתחלה ועוד אורות נוספים כנ"ל. ואח"כ כאשר התחיל
אור החכמה להסתלק עוד מן מקום הכתר לעלות אל המאציל אז חזרו כל האורות התחתונים
לגרוע כל האורות שהיו נמשכין להם על ידי אור החכמה ולא נשאר בהם רק הרשימו לבד
וכאשר נגמר להתעלם במאציל אז חזרו בהם כל האורות ועוד הארה נוספת לפי שגם הם
נתקרבו אל המאציל יותר מבראשונה. וכעד"ז היה בעליית שאר אורות תחתונים כי כשהיה
אור העליון עולה היה אור התחתונים גורע ואחר גמר הסתלקות העליונים היו חוזרים כל
האורות התחתונים כבראשונה וגם בתוס' אור כנ"ל. אלא שיש הפרש ביניהם והוא כי בעת
הסתלקות אור הכתר לא היה רק הסתלקות אור א' לבד שעלה ונסתלק במאציל וע"כ לא
נמצאו בו רק ב' בחי' אחד בעת הסתלקותו שאז נגרע )נ"א נגמר( אור התחתונים והב' אחר
גמר הסתלקותו במאציל )אז חזרו האורו' כנ"ל ל"ג( כי אז חזר האור אל האורות שתחתיו.
אבל בחכמה היו ב' בחי' הסתלקות א' בהסתלקותו עד מקום הכתר והב' בהסתלקו במאציל
ובכ"א מב' הסתלקות אלו היה לה ב' בחי' שהוא גירעון ותוס' האור. וכעד"ז היה בבינה ג' מיני
הסתלקות ויוכפלו לו'. וכעד"ז עד תשלום חזרת כל י' אורות בשרשם שהוא המאציל והוא )נ"א
והנה( בחי' הפה דא"ק כמ"ש כי הוא )ענין( השורש שלהם. וזהו )נ"א והנה( שינוי א' שיש
בעולם העקודים משא"כ בעולם אצילות כי בעולם האצילו' היו או"א יותר שלמים מזו"ן
שאינם כ"כ שלמים בבחי' עצמן כמ"ש במקומו בע"ה אבל בעולם העקודים זו"ן נתקנו יותר
מאו"א ונשלמו בחינותן יותר מהם והוא כי זו"ן היו פב"פ ואו"א היו אב"א כי הנה נודע כי טפת
זווג של הזכר היא נמשכת מן המוחין שבו והוא נשמה לנשמה. והנה קודם שחזרו כל ספי'
וספי' אפי' כתר העליון לעלות במאציל כבר היו לזו"ן כדי צורכם אל הזווג שיוכלו להזדווג כי
הנה ז"א כבר היה לו בחי' חיה כנ"ל שהוא חכמה שבו המלכות כבר היתה בה עוד יתרון
אחר שהיתה בה בחי' יחידה וע"י כן היו יכולין להיות מאז פב"פ ואע"פ שהיה יתרון למלכות
מן הז"א אין בה בה חשש ולא עוד אלא שאפי' קודם שזו"ן עצמם יעלו אל המאציל כבר היו זו"ן
שלמים בכל בחי' הראוי להם המצטרכים להם שהם ה' בחי' פנימים וב' מקיף דיחידה וחיה
ומכ"ש שהיה להם כל מה שצריכים להם שיוכלו לחזור פב"פ שהם מבחי' חיה ולמטה כנ"ל.
אמנם או"א אפי' שכבר אור הכתר חזר לעלות במאציל לא היה באבא בחי' חכמה שבו שהוא
חיה )נ"א נמצא( ומכ"ש שלא היו שלימין בכל בחי' המצטרכים להם שהם ה' פנימי' וב'
מקיפים כי לאבא אחר תכלית שלימותו היה לו רק ג' מהם נר"ן פנימים ולאימא היו ד' פנימים

וחסר ממנה בחי' יחידה הפנימים וב' מקיפים וכיון שעדיין אבא לא היה לו בחי' חיה להוציא טפת המוחין לזווג לכן נשארו אב"א. ואם תשאל ותאמר מאחר שזו"ן היו אורותיהן שלמין בכל בחינותם למה עלו אח"כ אל המאציל ללא צורך. והענין הוא שכל חיותם ושלימותם הוא נמשך להם מאו"א כנודע. וכיון שנתרחקו מהם או"א ועלו למעלה עלו גם הם אחריהם כי החשק במקבלים לרדוף ולהדבק במאצילם ורוצים להתקרב ולקבל מהם ולא רצו להפרד מן או"א שעלו למעלה כדי שלא ישארו רחוקים מהם. עוד טעם אחר כנ"ל כי סיבת חזרת האורות האלו במאצילם היו כדי שבעודם מסתלקים יוכלו הכלים להתעבות )נ"א להעשות( ולגמור מלאכתם וע"כ גם אורות זו"ן גם הם עלו לצורך בנין כליהם.

# פרק ו' מ"ת[16]

דרוש זה מקורו מספר אדם ישר וצריך לכתוב מ"ב בראש הדרוש.

דרוש[17] זה הוא חזרה[18] וסיכום לכל שער העקודים, אף על פי כן אי[19] **אפשר לבית המדרש בלא חידוש**. צריך לדעת כי המלכות דעקודים היא **עטרת היסוד**. עוד[20] **צריך לדעת** כי כל עולם העקודים הוא רק בחינת **כלי אחד, כלי הכתר**, שבו מתלבשים עשרה אורות, ואפילו שהרב ז"ל מבאר שיש עשר כלים בעקודים, הכוונה שהיא עשר כלים הפרטים של הכתר דעקודים, **וזכור זה ואל תשכח**. גם כן צריך לדעת כי אופן עשיית[21] הכלים דעקודים הוא במספר שלבים.

הרב ז"ל מבאר את בחינת אור היושר. **הנה**[22] בתחילת האצילות של העשר ספירות שבעולם שבעולם **העקודים** כאשר יצא האור הזך עם האור העב והגס מפה דא"ק, **בעת ירידת האורות** בהתפשטות הראשונה **של**

---

[16]

יש כאן טעות סופר, דרוש זה הוא לא מ"ת אלא מ"ב.

[17]

**כרם שלמה ש"ו פ"ו אות א'** – הנה פרק זה כולו או רובו מפורש לעיל פרק ד' ופרק ה', ועל כן לא נאריך בו בפרושו כאן.

[18]

**שמן ששון ש"ו פ"ו די"ד ע"א** – כל פרק זה כבר הביא לעיל פרק ה', ויש קצת שינוי, וכן בפרק ג', ושם כתבתי בכל דיבור ודיבור, יע"ש.

[19]

**גמרא חגיגה ד"ג ע"א** – תנו רבנן, מעשה ברבי יוחנן בן ברוקה, ורבי אלעזר בן חסמא, שהלכו להקביל פני רבי יהושע בפקיעין, אמר להם, מה חידוש היה בבית המדרש היום, אמרו לו תלמידיך אנו ומימיך אנו שותין, אמר להם אף על פי כן אי אפשר לבית המדרש בלא חידוש.

[20]

**ע"ח ש"ז פ"א מ"ק ד"ל ע"א** – הנה קודם מציאות העקודים לא היה האור העליון יכול להתלבש בשום כלי, כי לא היה יכולת בכלים לסובלו, ושם היה האור בלתי מתלבש בכלי. עד שהגיע התפשטות האור הגדול ההוא אל בחינת העקודים. **ושם נעשה מציאות כלי אחד אל האור הגדול ההוא**, ואז התחיל האצילות להיות בו איזה מציאות הגבלת האור, מה שלא היה יכול להיות הדבר עד עתה. אמנם תחלה היה האור כולו של החלקים המגיעים לאצילות כולם, נעלמים תוך כלי אחד לבד, **ואותו הכלי היה בו בחינת כלי של כתר העליון**. אחר כך נתפשט האור יותר למטה מבחינה הנזכרת לכל, הנקרא עקודים, ואז נעשית עשר כלים, **אך כולם עדיין בסוד בחינת כלים דכתר**.

[21]

אופן עשיית הכלים דעקודים נעשית במספר שלבים, ובמספר דרכים, והם:

**א** - בטישת והכאת אור פנימי באור מקיף זה בזה, פרק א' דשער העקודים.

**ב** - יצאו מחוץ לפה דא"ק וקנו עביות, פרק ג' דשער העקודים.

**ג** - חזרת האורות למאציל, ונתרחק האור ממקומו ג' ספירות שלימים, פרק ג' דשער מטי ולא מטי.

**ד** – נפילת הניצוצות מהכאת האור הבא בדרך אחוריים באור הרשימו, פרק ה' דשער העקודים.

**ה** - עליית כל עצמות האורות דעקודים לפה דא"ק, פרק א' דשער מטי ולא מטי.

**ו** - נשאר הכתר בתוך הפה דא"ק ולא יצא בפעם השניה מפה דא"ק, פרק ג' דשער העקודים.

**ז** - אור הפנימי דעקודים נכנס ויוצא מהכלים בסוד מטי ולא מטי, שער מטי ולא מטי.

[22]

**הָעֶשֶׂר ספירות שֶׁבוֹ לְמַטָה** היה האור מתפשט בבחינת אור ישר, ועוד היו מקבלים אורות העקודים אור נוסף לצורך חיותם, **וְהָיָה אוֹר** הזה **נִמְשָׁךְ לָהֶם מִן הַמַּאֲצִיל** שהוא פה דא"ק[23] גם כן **בִּבְחִינַת אוֹר יָשָׁר. וְאַחַר**[24] כך **בִּזְמַן חֲזֹרָתָן** של האורות הזכים דעקודים **לַעֲלוֹת לְמַעְלָה** למאציל כדי להשתלם, מפני[25] שיצאו הספירות דעקודים בהתפשטות הראשונה חסרי שלמות, **הֵנָּה** בזמן חזרתם[26] לפה דא"ק, פניהם היו כלפי המאציל, ואחוריהם לספירות התחתונות **נִמְשָׁךְ לָהֶם** ר"ל לספירות הנמצאות חוץ לפה דא"ק **הָאוֹר** מהמאציל **בִּבְחִינַת אוֹר חוֹזֵר** היורד מהמאציל דרך אחורי הספירות, ומאיר לספירות היותר תחתונות.◆

**וְצְרִיכִים**[28] הרב ז"ל מבאר הקדמה חשובה בענין האור החוזר, לאפוקי מהקדמות אחרות[27] בסוגיות של אור חוזר. **אָנוּ לְהוֹדִיעֲךָ עַתָּה בְּהַקְדָּמָה אֲזֹרַת** השייכת לעולם העקודים, עם כל זה היא **כּוֹלֶלֶת כָּל**

---

**כרם שלמה ש"ו פ"ו אות א'** – הנה בעולם העקודים בעת ירידת האורות של העשר ספירות שבו למטה. פירוש הוא בתחלת האצילות של עולם העקודים, והוא בעת ירידתם מן הפה של א"ק ולחוץ, היה האור נמשך להם מן המאציל בבחינת אור ישר. פירוש היה נמשך להם האור כשהיו הספירות האלו באים ונמשכים ממעלה למטה, ואינו בזמן שהם חוזרים ממטה למעלה, וזהו פירוש בבחינת **אור ישר**.
23

**כלל** – כל בחינה עליונה הקראת מאציל בערך הבחינה התחתונה.
**ע"ח ש"ו פ"ו מ"ב דכ"ח ע"ד** – וכן על דרך זה עד תשלום חזרת **כל עשרה אורות בשרשם, שהוא המאציל והוא** )נ"א והנה( **בחינת הפה דא"ק**, כמו שביארנו כי הוא )ענין( **השורש שלהם.**
**ע"ח ח"ב שמ"ב פ"א מ"ב דפ"ט ע"ג** – ודע כי על דרך זה הוא בכל העשר ספירות שבכל עולם ועולם, וכן בפרטות בכל פרצוף ופרצוף, כי לעולם כל בחינה ובחינה **נקרא עליונה מאציל, ותחתונה נאצל.**
**כרם שלמה ש"ו פ"ו אות י"ז** – וכדי שלא תטעה שהמאציל המוזכר כאן הוא המאציל העליון שהוא הא"ס, לזה הוצרך לפרש כאן, המאציל שהוא הפה דא"ק, שהוא האציל לאלו העשרה ספירות דעולם העקודים, שהם מן הפה ועד הטבור. כמו שכתוב בשער ההקדמות דט"ז ע"א וז"ל – ונמצא כי העשרה שורשים הנזכרים, שהם בפה דא"ק, בחינת המלכות שבהם היא אשר האצילה אלו העשר ספירות הנקרא עקודים, והיא נקראת מאציל אליהם, עד כאן לשונו. וזה מה שכתב כאן, כי הוא השורש שלהם.
24

**כרם שלמה ש"ו פ"ו אות א'** – ואחר כך בחזרתם לעלות למעלה, פירוש הספירות האלו עצמן, **והוא האור הזך והדק שבהם**, שהוא חלק הנהיה אחר כך נשמה להכלים של העקודים, כשחזרו לעלות להמאציל כדי להשתלם בבחינת נרנח"י, שהיו חסרים מהם, אז הנה נמשך להם האור בבחינת **אור חוזר**. פירוש, כמו שמפרש לקמן שהוא גם כן **אור ישר היורד מן המאציל העליון** למטה, אלא נקרא אור חוזר, על שם שנמשך בזמן שהאורות חוזרים לעלות להמאציל.
25

**ע"ח ש"ו פ"ג מ"ת דכ"ה ע"ג** – דע כי בעת שיצאו, לא יצאו שלימים, וכמו שנבאר בע"ה. וטעם הדבר הוא, כי כוונת המאציל היה לעשות עתה התחלת הויות הכלים )נ"א בתחלה הויות הכלי(, להלביש האור לצורך המקבלים, שיוכלו לקבל, ולכן בהיות שיצאו בלתי שלימים וגמורים, חזרו לעלות לשורשן, להתתקן ולהשתלם, ועל ידי כך נעשה כלי, כמו שנבאר.
26

**ע"ח ש"ו פ"ה מ"ת דכ"ז ע"א** – והנה נודע כי כשבאו הספירות של העקודים, היו פניהם למטה, כי כוונת ביאתן היה להאיר למטה, לכן פניהם היו דרך המקבלים, אבל בחזרתן לעלות למעלה, **אז הפכו פניהם למעלה נגד המאציל, ואחוריהם למטה.**
27

כאן, בסוגיה בפרקין הרב ז"ל מבאר כי האור החוזר הוא אור שנמשך מהמאציל דרך אחורי הספירות המסתלקות למאציל, ומאיר לתחתונים. בדרך כלל הרב ז"ל ומרן הרש"ש מגדירים ומבארים כי האור החוזר הוא **אור החוזר מלמטה למעלה**, ובונה ספירות ופרצופים, או אור היורד מהמאציל בדרך התפשטות למטה שלב אחר שלב הנקרא **רבוע** והוא לחיות העולמות. וצריך המעיין לדעת אם מדובר בסוגיה באור החוזר היורד דרך האחוריים כמו בסוגיה זאת, או באור העולה מלמטה למעלה, או האור המתפשט מלמעלה, או באורות החסדים העולים במרוצה.

**תרשים ו – א.**
וכן הוא בסידור הקדוש לרש"ש בסוד הדלקת המנורה.

**תרשים ו – ב.**
**ע"ח ח"ב שכ"ב דרוש ב' מ"ק ד"ד ע"ב** – והנה כיון שברדתן אין להם מחיצות המעכבות, והם בחינת מים כנ"ל, והנה כיון שטבע המים היורדין דרך מורד בלי עיכוב, ירצו במרוצה גדולה ולא יטו אל הצדדין, ולכן אלו ב' חסדים תחתונים וב' שליש של החסד האמצעי, ברדתן יורדין דרך יושר במרוצה גדולה עד היסוד דז"א, ולא יתפצלו אל הצדדין, לישאר זה בנצח, וזה בהוד, וזה בתפארת. אמנם אחר ירידתן במרוצה מכח הכנסתן באור יושר במרוצה, **חוזרין תכף לעלות בסוד אור חוזר**, ואז בעלייתן מיסוד עצמו הם מתפצלין לג' קוין במקומם, זה בנצח, וזה בהוד, וזה בתפארת, כי דרך השלהבת או העשן בעלייתן מתתא לעילא, ומוציא אויר פנוי בלי מחיצות, מתפשט אל הצדדין, ועולה ולא ביושר ממש.

**ע"ח ש"ו פ"ח דכ"ט ע"ב** – אמנם עם כל זה לא יחפוץ המאציל ב"ה בהשחתת העולם, ומאיר לתחתונים שיעור חיות ומזון ושפע הראוי לעצמן בלבד, ולא להוציא תוספת נשמות חדשות, וכיון שהשהפעת אור זה בלתי רצונו, הנה הוא ממשיך אליהם אור מחיצוניותו בלבד, שהוא אור מספיק לחיות העולמות די הכרחן, ולא יותר. על כן נקרא אור חיצוניות, ונקרא אור האחור, שהוא היפך פניו בכעס עמהם, בסוד דומה דודי לצבי, ומאיר להם אור ההכרח עם היותו מסתלק, ואינו נותן להם האור אלא בהפיכת האחוריים אל התחתונים, ונקרא אור דין לסבה זו, **ונקרא אור חוזר**. כי בעת חזרתו והסתלקות למעלה שלא להשפיע בהם שפע גדול, אז נמשך להם אור ההכרחי הזה. ונקרא אור נקבה על דרך הנ"ל, אם לפי שהוא כדרך טבע הנקבה שמקבלת ואינה משפעת, ואם בסבה שאין בה כח להוליד נשמתין כמו הזכר, אלא בחינת המזון לבד, כמו שכתוב ותתן טרף לביתה וגו'. שהם שמות אלהי"ם, שהוא דין. גם יש עוד חילוק אחר שאור ישר כמעט שהוא נפרד ממקומו, כדי לרדת ולהשפיע לתחתונים, לכן הוי"ת שלהם פשוטות ומלאים, כולם הם הוי"ת באותיות נפרדות זו מזו. **אמנם אור החוזר הוא רבוע כזה** א', א"ל, אל"ה, אלה"י, אלהי"ם, שתמיד האותיות הם מחוברים להורות שהם עולין ומחוברים זו בזו, עד שמתחברין עם שרשם ומאצילם, כי רצונם להסתלק מן התחתונים. גם יש חילוק אחר כי המוחין של בחינת חיה אשר בז"א הבאים מחכמה, הם הגורמים זווג זו"ן כדי להוציא נשמות חדשות, והם בחינת פנים, כי הוא זכר והמוחין דז"א. מצד אימא הנקרא נשמה, הם ענין אחור, והם נקבה.

**שער המצות, פרשת תצוה** – הדלקת המנורה, כתיב - ויקחו אליך שמן זית וכו'. והנה המנורה היא נוקבא דז"א, העומדת אחור באחור עמו, וכל עיקר תיקונה ובנינה הוא על ידי ב' החסדים שבנצח והוד דז"א, שהם אורות מגולים. וכבר ביארנו ענינים, כי כשיורדים החסדים במרוצה בעת יציאתם מיסוד דאימא אשר בחזה, יורדים בכח ובמרוצה גדולה עד היסוד דז"א. ובכח ההכאה בהכאה **חוזר לעלות בסוד אור חוזר מתתא לעילא**, ומכח האור חוזר ההוא, אז יוצא הארה ההיא לחוץ באחורי הנצח והוד, ונתנים בנוקבא כנזכר, **כי אין הנקבא נבנית אלא בסוד אור חוזר**, ולא באור ישר.

**נהר שלום דכ"ב ע"ב** – וענין אור ישר ואור חוזר בכללות ובקיצור נמרץ. הוא זה, הנה ברדת האור ממקורו לתקן עשר ספירות של איזה פרצוף או של הצלם דמוחין, הנה הוא מתפשט ביושר ועושה עשר ספירות דכתר של הבחינה ההיא, מכתר ועד המלכות שבו. ומכח ריבוי ומרוצת האור עד למטה. **חוזר האור מתתא לעילא**, ועולה עד מקורו שבכתר דכתר, ובהעלותו מתתא לעילא עושה עשר ספירות לכתר מבחינת אור החוזר ההוא, כנגד עשר ספירות דיושר דכתר, ונשלם פרצוף הכתר של הפרצוף ההוא. וחוזר ומתפשט האור מעילא לתתא ביושר, ועושה עשר ספירות דיושר דחכמה, דעשר ספירות הם מכתר דחכמה עד מלכות שבו, **וחוזר ועולה מתתא לעילא**. ועושה עשר ספירות לחכמה מבחינת אור חוזר, כנגד עשר ספירות דיושר דחכמה, ונשלם פרצוף החכמה של הפרצוף ההוא, וחוזר ומתפשט האור מעילא לתתא ביושר, ועושה עשר ספירות דיושר

**הָעוֹלָמוֹת** כולם (צ"ל נ"א והיא **כְּלוּלָה בְּכָל הַמָּקוֹם**), וְהוּא בְּעִנְיַן חֲזָרַת הָאוֹרוֹת העקודים **אֶל הַמַּאֲצִיל**, כִּי זוּלַת[29] מַה שֶּׁבֵּיאַרְנוּ בִּמְקוֹם אַזוֹר[30], כִּי אַף עַל פִּי שֶׁהָאורות הזכים **הֵם** העוֹלִין וּמִסְתַּלְּקִין אל המאציל, **הִנֵּה הֵם מַמְשִׁיכִין מִלְמַעְלָה לְמַטָּה** אור הנמשך ויורד **מִן הַמַּאֲצִיל** וְעוֹבֵר דֶּרֶךְ אֲחוֹרֵי הַסְּפִירוֹת, וּמֵאִיר לַתַּחְתּוֹנִים, וְאוֹר זֶה הוּא בְּחִינַת

---

לְבִינָה, דֶעשר ספירות ההם, **וְחוֹזֵר וְעוֹלֶה וְעוֹשֶׂה עֶשֶׂר סְפִירוֹת לְבִינָה מִבְּחִינַת אוֹר חוֹזֵר**, כנגד עשר ספירות דיושר שבה, ונשלם פרצוף הבינה של הפרצוף ההוא. וכן על דרך זה עושה עד תשלום העשר ספירות של הפרצוף ההוא, או הצלם ההוא של המוחין. ועל דרך זה היה בעשר ספירות דפרטי פרטות דפרצוף ההוא.

**כְּלָל בְּסוּגְיָה זֹאת** – אור חוזר הוא אור הנמשך מהמאציל, כתוצאה מסתלקות האור הישר למאציל. אור זה נמשך **מֵהַמַּאֲצִיל** דרך אחורי הספירות המסתלקות, ומאיר בתחתונים.
28

**כֶּרֶם שְׁלֹמֹה שׁ"ו פ"ו אוֹת ב'** – פירוש, הוא הדבר המפורש בדיבור הקודם לזה. כי בעת חזרת האורות למעלה, כדי להשתלם, נמשך להם בחינת אור אחד שהוא חיות להם, ונקרא אור חוזר, על שם שנמשך להם בעת שהספירות חוזרים למעלה, וזהו מבואר באורך לעיל בפרק ה', וזהו מה שכתוב כאן **במקום אחר**, הוא בפרק ה' הקודם לו.
29

**שֶׁמֶן שָׂשׂוֹן שׁ"ו פ"ו אוֹת א' דִי"ד ע"א** – זולת מה שביארנו במקום אחר כו', לקמן פרק ז', לעיל פרק ה'.
30

**ע"ח שׁ"ו פ"ה מ"ת דכ"ז ע"א** – והנה נודע כי כשבאו הספירות של העקודים, היו פניהם למטה, כי כוונת ביאתן היה להאיר למטה, לכן פניהם היו דרך המקבלים. אבל בחזרתן לעלות למעלה, אז הפכו פניהם למעלה נגד המאציל, ואחוריהם למטה. והנה בעלות הכתר אל המאציל, אין ספק כי לעולם אין אור המאציל נפסק אפילו רגע אחד מן המקבלים הנאצלים, רק ההפרש הוא כי בעת ההיא אשר הכתר היה עולה למעלה, אז האור ההוא היורד מהמאציל, יורד ממנו אל הספירות (נ"א האחרת והיה בא) דרך אחוריו, שהרי הוא הפך פניו למעלה, ואחוריו לנאצלים, והיה דינין כנ"לף (נ"א ואם כן כן אותו האור הבא אל הספירות הוא בא דרך אחורי הכתר והוא דין) ועל דרך זה בשאר ספירות, בעת שהיו חוזרין ועולין. אמנם יש הפרש אחד ביניהן, והוא כי החכמה אינם מקבלת אלא מאחוריים אחד, דהיינו מן הכתר לבד. והבינה מקבלת מב' אחוריים, דהיינו דכתר ודחכמה, והוא יותר דין. ועל דרך זה עד המלכות, נמצא שהמלכות קבלה מתשעה אחוריים. ועוד יש הפרש אחד כי מלבד חילוק תוספת ריבוי או מיעוט בחינת אחוריים, יש בהם עוד שינוי, והוא כי הנה התפארת מקבל מן אחוריים דגבורה, שהם אחוריים קשים עד מאד, אמנם הספירה שלמעלה ממנו אינו באופן זה, וכפי הבחינות כן היה שינוי באותו אור הנמשך להם, או דין גמור, או ממוצע, או חלוש. ואין כח בקולמס להרחיב בפרטות חלקים אלו, כי הם רבים, והמבין יבין.

**ע"ח שׁ"ו פ"ז מ"ב דכ"ח ע"ד** – וצריך עתה לבאר מה הארה היתה נמשכת אל האורות התחתונים בעת עליית אורות העליונים מהם, כמו שהתחלנו לבאר למעלה ענין זה. וכדי לבאר ענין זה יתבאר לך כלל גדול שיצטרך לך בכל שאר מקומות, והוא ענין אור ישר, ואור חוזר מתתא לעילא, כנזכר בתיקונים ובזהר במקומות רבים. דע כי אין ספק כי לעולם השגחת השפעת המאציל בנאצלים אינה נפסקת אפילו רגע אחד, ואף גם בהיות פגם בתחתונים שאז (נ"א נמצא ניצוצי) האורות העליונים מחזירין פניהם מן התחתונים ומסתלקין מהם, ועולין למעלה, עם כל זה השגחת הארה עליונה המוכרחת להחיות התחתונים די ספוקם אינה נפסקת כלל, כמו שכתוב על פסוק - כי רגע באפו חיים ברצונו. ובודאי הוא שלא תהיה הארה זו הנמשכת מן המאציל, המאיר בתחתונים בעת הסתלקות האורות למעלה, דומה אל הארה הנמשכת בתחתונים בעת ירידת אורות העליונים למטה להאיר בתחתונים. ונמצא עתה ב' בחינת אורות נמשכין מן המאציל לתחתונים, אחד הוא בעת ירידת האורות למטה. והשני הוא בעת הסתלקות האורות למעלה, זאת דרך עליה, וזאת דרך ירידה.

חיות[31] שלהם, והוא אור מועט, **ובזיונת האור** הזה הנמשך מן המאציל דרך אחורי הספירות, הוא **הנקרא אור חוזר**[32].

הרב ז"ל מבאר את בחינת הרשימו שמשאירים הספירות דעקודים בעת עליתם למאציל. **עוד יש בזיונה אזזרת גדולה ורבת התועלת, והוא כי לעולם אפילו כשמסתלקין** האורות הזכים למאציל **אינם מסתלקין לגמרי בכל בזיונותיהן עצמן ועולין, אמנם** חוץ מהאור העב והגס הנשאר במקומו מעיקרא **מניזוזין** האורות הזכים **מכזזן ומבזיונת עצמן קצת הארה למטה**[33] להאיר לספירות התחתונות מהם[34], כי לעולם בטבע[35] וברצון של העליון להאיר לתחתון, והארה זאת עומדת **במקום אשר עמדו שם** האורות הזכים **בראשונה** לפני שעלו למאציל, **וזה הארה אינה נעקרת משם לעולם ועד**[36] בסוד יציאת הצדיק עושה רושם, **אף גם בעת**

---

31

**כרם שלמה ש"ו פ"ו אות ב'** – הוא הדבר המפורש בדיבור הקודם לזה. כי בעת חזרת האורות למעלה, כדי להשתלם, נמשך להם בחינת אור אחד שהוא **חיות להם**. ונקרא אור חוזר, על שם שנמשך להם בעת שהספירות חוזרים למעלה.

32

**כרם שלמה ש"ו פ"ה אות ד'** – והאור הבא בחזרה למעלה הוא אור חוזר והוא דין, ר"ל והאור הנמשך לתחתונים אחר כך בעת עליית וחזרת האורות האלו למאצילם, זה האור הנמשך למטה לתחתונים בעת ההיא, הואיל ונמשך דרך חזרת ועליית באורות האלו למעלה, **נקרא אור חוזר**, וזהו מה שכתב – והאור הבא בחזרה, פירוש האור הנמשך בעת חזרת האורות למעלה. וז"ל שער ההקדמות – אבל האור הנמשך בעת שחוזרים האורות לעלות למעלה נקרא אור חוזר וכו'.

33

**ע"ח ש"ד פ"ג מ"ק די"ט ע"ב** – ולעולם יהא בידך זה הכלל, כי לעולם בדבר רוחני כאשר עולה או יורד למטה, נשארה הבחינה שלימה במקומה, ואין שום דבר נגרע למעלה וגם למטה, יש לה כל הבחינה עצמה, וכמו שנכתוב בע"ה.

34

**ע"ח ש"ו פ"ה מ"ת דכ"ו ע"ד** – ונבאר עתה ענין חזרתם והסתלקותם למעלה, איך על ידי כך נעשו הכלים. והענין הוא כי כאשר נתעלו האורות למעלה, נשאר למטה האור העב והגס, שהוא בחינת הכלי כנ"ל. **והנה יש בטבע האורות להשאיר רושם שלהם למטה במקום שהיו שם בראשונה**, ולכן כל האורות האלו בעת עלותם הניחו רשימו למטה, במקום שהיו שם בראשונה. כיצד, הנה הכתר הניח רשימו להאיר אל החכמה, וכן חכמה לבינה, ובינה לז"א, וז"א לנוקבא, **כי לעולם בטבע העליון להאיר לתחתון**, ויש לו חשק להאיר בו, כמו חשק אמא לבנים, ולכן מניח ומשאיר רשימו בו. נמצא שכולם מניחין רשימו, חוץ מן המלכות, כי אין ספירה אחרת תחתיה להאיר בה, ולכן אין המלכות משארת רשימו למטה.

35

**כרם שלמה ש"ו פ"ה אות ב'** – ומה שכתב ובטבע האורות, אין רצונו לומר כי טבעם הוא כך בלתי רצונם, אלא ר"ל **כי רצונם הוא כך** להשאיר שם רשימו במקום שחנו שם, והוא לטעם הנזכר בסמוך, כי חשקם להאיר בבניהם, והם הספירות שלמטה מהם.

36

**בראשית כ"ח י'** – ויצא יעקב מבאר שבע וילך חרנה. **מפרש רש"י** מגיד שיציאתו של **צדיק מן המקום עושה רושם**, שבזמן שהצדיק בעיר, הוא הודה, הוא זיווה והוא הדרה, יצא משם, פנה הודה, פנה זיווה, ופנה הדרה.

עֲלוֹתָן של האורות הזכים **לְמַעְלָה** לפה דא"ק, תמיד נשארת הארה זאת למטה במקומה מעיקרא להאיר לבחינה שמתחתיה, מפני שהארת האור החוזר אור קטנה, ולא מספיקה לתחתונים, **וְהָאָרָה**[37] **הֹזֹאת נִקְרֵאת רֵשִׁימוּ**[38] והיא בחינת המלכות[39] דאותו שיעור קומה העולה למאציל, **בְּסוֹד**[40] הפסוק[41] **שִׂימֵנִי**[42] **כֹחוֹתָם עַל לִבֶּךָ**

---

**37**

**כרם שלמה ש"ו פ"ו אות ב'** – והארה הזאת נקרא רשימו, בסוד שימני כחותם על לבך, כנזכר סוף פרשת משפטים בסבא דקי"ד ע"א. מה שקראה להארה הזאת בחינה **גדולה ורב התועלת**, מפני שהאור החוזר אינו כי אם אור של חיות, שאין בו כל כך כח להועיל להתחתונים כי אם זמן מועט. ואינו מתקיים כי אם רגע אחד, והראייה שתמיד נמשך להם זה האור ואינו נפסק מהם אפילו רגע אחד, כמו שכתוב לקמן ריש פרק ז' מפני שקמא קמא בטיל. מה שאין כן הרשימו, שהוא הארה שמשאירים האורות של הישר העיקריים של העקודים. זאת הרשימו מרוב כוחו הרב, הוא מספיק להאיר להתחתונים תמיד, והוא דבר של קימא, ואין צריך עוד רשימו אחר אלא זאת הרשימו, מכח שיש בו כח רב והסתפקות גדול, ולכן הוא לבדו מספיק להאיר, וזהו פירוש מה שכתב בחינה גדולה.

**38**

כל אור ואור דקדושה שמסתלק, משאיר במקומו מעיקרא רשימו לעולמים.

**ע"ח שי"ט פ"א מ"ת ד"צ ע"א** – והנה אף על פי שעתה נתחברו בינה ותבונה בפרצוף אחד, עם כל זה הרושם של מקום הנ"ל נשאר שם, כנודע אצלינו בהקדמה, **שאין לך שום אור שאינו מניח רשימו במקומו, אף אחר הסתלקותו משם.**

**ע"ח ח"ב שכ"ה דרוש ז' מ"ק די"ג ע"ב** – לפי שכל דבר שהקדושה עושה רושם, **ומניח רשימו במקום שעובר** כנ"ל.

**ע"ח ח"ב של"ד פ"ג מ"ב דמ"ז ע"ד** – ותחלה צריך שתדע שלעולם בחינת המלכות הוא בקו האמצעי דז"א מאחוריו, לפי שהנה"י של אמא המתפשטין תוך ז"א, הנצח הוד הם סתומים, ויסוד שלה המתפשט תוך קו אמצעי דז"א כנודע, הוא לבדו פתח, ומהם מתגלין האורות תוך ז"א, לכן אין המלכות עומדת אלא נגד סיום היסוד דאמא, שהוא בקו האמצעי. ובכל קו האמצעי של ז"א יש אל המלכות שורש שם. וזהו העניין האשה עולה עמו ואינה יורדת עמו, כפי השתנות הזמנים מקומותיה משתנים בקו אמצעי, ולעולם **נשארין שרשים קיימין שם כנודע, כי כל דבר שבקדושה אינו נעקר שרשו משם.** ובזה אל תתמה בכמה בחינות שנמצאו אל המלכות, כי הנה תחלה היתה מקומה בעטרה שתחת היסוד, ושם היא רמוזה המלכות. ואחר כך נגדלה ונעקרה משם, ועלתה על התפארת שבו, כמו בתפלת השחר. ואחר כך נתקנית לגמרי, וחוזרת עמו פנים בפנים, **ולא מפני זה נעקרה שרשים הראשונים, ושם נשארין קיימין לעולם**, אשר זהו העניין האשה עולה עמו ואינה יורדת עמו. כי בכל גידול של הז"א גם היא היתה נגדלת עמו, **ונשארין שרשיה קיימין בו.**

**דברים י"א כ"ד** – כל המקום אשר תדרך כף רגלכם בו לכם יהיה מן המדבר והלבנון מן הנהר נהר פרת ועד הים האחרון יהיה גבלכם.

**יהושע א' ג'** – כל מקום אשר תדרך כף רגלכם בו לכם נתתיו כאשר דברתי אל משה.

**בראשית רבה ט"ו** – יברכך הוי"ה וישמרך, וכן וצויתי את ברכתי לכם, וארץ ישראל לכם, שנאמר - לתת לכם את ארץ כנען, ולא ארץ ישראל בלבד, אלא אפילו כל הארצות סביבותיה, שנאמר - כל מקום אשר תדרוך כף רגליכם בו וגו'.

**39**

**ע"ח שט"ל דרוש י"ג דע"ז ע"ג, הגהה למהרח"ו** – ונראה לעניות דעתי שזה מובן במה שכתב, **כי הרשימו הוא מלכות.** ולכן המלכות דחסדים יש בה ממש, אבל חמש גבורות אין בהם כל כך הארה. וגם תבין מכאן שחמש גבורות וחמש חסדים היורדין מהדעת, והניתנין לנוקבא בסוד זווג )הם מ"ד(, ונתנין לנוקבא לתיקון גופה, ויורדין ביסוד, אחר כך הם מ"ן, גם תבין שכל זמן שלא כלו המ"ן והמ"ד אינם באים אחרים חדשים לצרכו ולצרכה, למ"ד בו ולמ"ן בה.

**כלל** – הארה, רשימו הם בחינת מלכות דאותו שיעור קומה.

**40**

הרומז לרשימו דתפילין[43] דיד, **הַנִּזְכָּר** בספר הזהר[44] **סוף פָּרָשַׁת מִשְׁפָּטִים**[45], **בְּסַבָא** דמשפטים **דְּקֵי"ד ע"א,** זאת ועוד, החותם רומז לבחינת המלכות[46], בסופי תיבות של כחותם **עַל לִבֶּך**, סופי תיבות[47] מל"ך,

---

**כרם שלמה ש"ו פ"ו אות ב'** – ומה שכתב בסוד שימני כחותם על לבך, פירוש, כי זה הפסוק הוא נאמר על המלכות, שביום המוחין שבאו לה בעת התפילה הם מסתלקים ממנה אחר התפילה, אבל הרשימו שלהם הוא נשאר בה. ובלילה אפילו זה הרשימו הוא מסתלק ממנה, ויושב בתוך החזה של ז"א בעלה, אצל לבו. ומשם מתוך לבו הוא מאיר לה שהיא יושבת בחוץ מן החזה ולמטה, וזה הפסוק שימני כחותם על לבך, כי המלכות אומרת לז"א, שימני בחוץ על לבך, שהוא כנגד החזה, כמו החותם שהוא הרשימו של המוחין אשר בפנים נגד המקום הזה, שהוא הלב. נמצא שהמוחין והאורות העליונים שמאירים בבחינת רשימו, כדי להאיר להספירות, כאן גם כן הספירות העליונים, אף על פי שמסתלקים למעלה כדי להשתלם, הם משאירים במקומם בחינת קצת הארה הנקרא רשימו, כדי להאיר להתחתונים.
[41]

**שיר השירים ח' ו'** – שימני כחותם על לבך כחותם על זרועך כי עזה כמות אהבה קשה כשאול קנאה רשפיה רשפי אש שלהבתיה.
[42]

**שמן ששון ש"ו פ"ו אות ב' די"ד ע"א** – בסוד שימני כחותם על לבך, עד כאן. סוד החותם זה מבואר בענין התפילין, בשער הכוונות דרושי תפילין פרק ה', ובכל מקום.
[43]

**שער הכוונות, דרושי תפילין, דרוש ה'** – נבאר בו טעם למה אנו מניחים התפילין ביום ולא בלילה, וגם כן למה תפלה של יד קודמת לשל ראש, כי לכאורה היה נראה לשום תחילה של ראש, הקודמין לבא מוחין דז"א קודם מוחין בנוקבא. ואגב יובן למה נקשרת בשמאל, וגם למה אנו מניחין אותם קודם התפילה, והרי בחינת התפילין הם הארת המוחין אחר שנכנסו בפנים ויצאו לחוץ בסוד אור מקיף, וכיון שהמוחין הפנימיים אינם נכנסים לגמרי עד זמן העמידה של ח"י ברכות, אם כן איך ולמה קודמין התפילין לתפילה. וגם מהו הטעם של חכמים הראשונים שהיו מניחים התפילין בראשם כל היום, כי הרי מאחר שכניסת המוחין אינם אלא ג' פעמים ביום, בג' זמני התפילות כנודע, אם כן בשאר היום שאין מוחין, מהיכן יש תפילין. וענין זה יתבאר בע"ה בסדר שכיבת הלילה, ועיין שם, גם בפרשת ויחי, בשער המצות במצות אבילות, נתבאר טעם פטור הקטן והאבל מן התפילין, ופטור יום השבת, ומצאת שם כי תדרשנו, ועיין שם.
ולבאר זה צריך שנבאר ענין אחד בתפילות, כי הנה נתבאר אצלינו כי בכל תפילה ותפילה נכנסים המוחין, ואחר התפילה חוזרים ומסתלקים, וראוי שתדע כי הענין אינו כפשוטו לומר שהמוחין עצמן שבאים הם הם מסתלקים, והם הם שחוזרים ובאים בכל תפילה. לכן דע לך שאין כן הדבר, אבל הענין הוא כי בכל תפילה ותפילה באים מוחין חדשים גמורים לגמרי בעבור, כי אין לך כל תפילה ותפילה שלא יתחדש למעלה אור שפע חדש, לא ראי זה, כראי זה כלל. ונמצא כי בכל יום ויום, באים מוחין אחרים חדשים לגמרי, כמבואר לקמן בע"ה, עיין שם. וכפי זה צריך שנודיע ונבאר מה שביארנו בסוד שכיבת הלילה, כי אחר התפילה חוזרים להסתלק המוחין, אם כן להיכן הם מסתלקין, ומה נעשה מהם. אבל סוד הענין הוא כי אחר התפילה חוזרים להסתלק המוחין ההם, וייצאין מן רישא דז"א, ועולים ועומדין על ראשו דז"א בבחינת אור מקיף על ראשו. אמנם כבר הודעתיך כי כל דבר קדושה ורוחניות, אף על פי שמסתלק, עם כל זה **נשאר שם לעולם בחינת רשימו** זעיר תמיד. ואינו מסתלק משם. ונמצא כי אף על פי שאלו המוחין נסתלקו למעלה בסוד מקיפין כנזכר, עם כל זה נשאר רשימו דילהון גו ז"א כל היום כלו. ועל ידי זה אין זו"ן מתמעטין, אלא נשארים כל היום כלו במדת גדולתם שהיו בעת תפילת שחרית, בכח אותו הרשימו הקטן הנשאר בהם, אף על פי שאינן מוחין גמורים. וכמו שיוצאים מרישא דז"א, כך יוצאין אחר התפילה מרישא דנוקבא ועומדין לה בסוד מקיפין גם כן, **ואין נשאר בתוכה רק רשימו זעיר כל היום כנזכר**, והוא מעמיד אותם בשיעור קומת גדלותם כל היום כלו. וכאשר הוא לילה תיכף מסתלק מהם אף אותו הרשימו הנזכר, והרשימו דז"א יוצא אז תיכף בתחילת הלילה ונעשה אז אור מקיף על ראשו, והמוחין הפנימים שבו שהיו בסוד מקיפין על ראשו כל היום כנזכר, הם עולים עתה למעלה יותר מן המקום ההוא, וכמו שביום בצאת המוחין הפנימיים ממנו אחר התפילה ועולים להיות בסוד מקיפין, ואז המקיפין הראשונים העיקריים כנודע הנה הם עתה עולים ממקומם

לתת להם מקום, כן עתה בתחילת הלילה נתעלו כולם אחר מדרגה, והמקיפין הראשונים העיקריים עלו למעלה מאד, והמוחין הפנימיים עלו וישבו תחתיהן, והרשימו הזה שיצא בתחילת הלילה עלה וישב תחתיהן של המוחין הפנימיים, והיה שם בסוד אור מקיף כנזכר, וכדי שלא נאריך לא נוכל לבאר עתה מקום ומדרגתם, איך הם עולים כל אחד ואחד בפרטות. סוף דבר כי הרשימו דז"א עולה בתחילה הלילה ונעשה בחינת אור מקיף על ראשו, אבל הרשימו דמוחין דנוקבא, הנקרא רחל עקרת הבית, הוא מסתלק בלילה ממנה, ונכנס תוך גופא דז"א ממקום מוצאו שיצא בתחילה, שהוא בחזה דז"א, ושם עומד בתוך ז"א, ומשם הוא מאיר אליה למטה, ושם הוא עומד בבחינת מקיפים אל רחל נוקבא דז"א, והרי ביארנו השינוי שיש בין היום ובין הלילה. ובזה נבא אל הביאור הנ"ל, כי הנה בכל היום אשר נשאר עדיין רשימו של המוחין תוך זו"ן, הוא זמן תפילין דרישא ודרועאה, כי מכח אותו הרשימו יוצאים גם כן בחינת תפילין, אבל בלילה שאין שם רשימו לא בז"א, ולא בנוקבא כלל, אז אין זמן תפילין, לא דרישא ולא דדרועא. גם בזה תבין ענין התפילין מה ענינם, כי דע לך שאין נעשין התפילין, **אלא מאותו הרשימו הנשאר מן המוחין הראשונים** שנסלקו אחר תפלה שקדמה, וכאשר אנו חוזרים ומתפללים תפלה אחרת בשחרית, חוזרין ובאין מוחין אחרים חדשים, והם בחינת מוחין ממש גו רישא דזו"ן, ואז הרשימו שעבר יוצא ונעשה בחינת התפילין, ולעולם אין התפילין אלא מבחינת הרשימו שהיה מן המוחין של אתמול. ואותם החדשים הבאים עתה בתפלת שחרית הם מוחין פנימיים ממש גו רישא דילהון, ולכן אנו מקדימין להניח תפילין קודם התפלה, כי התפילין הם מן רשימו דאתמול, שנעשה בחינת תפילין, ובתפלה באים אחר כך מוחין חדשים פנימיים. גם לטעם זה עיקר מצות התפילין הוא בבקר בעת התפילה, לפי שאז יש מוחין גמורים, אבל בשאר היום שאינם אלא מכח רשימו בלבד, לכן אינה כל כך מצוה וחובה כמו בעת התפילה.

ועתה צריך שנבאר ענין הרשימו הזה שמסתלק בלילה, ובו נבאר גם כן פסוק שימני כחותם על לבך כו', אשר בספר הזוהר והתיקונים ביארוהו על תפילין של יד, והוא דע כי יש חילוק בין ז"א לנוקבא, כי הרשימו דז"א מסתלק ועולה על ראשו, **אבל רשימו דמוחין דנוקבא נשאר תוך ז"א ממש**, תוך החזה שלו, אשר שם נתון לב ז"א, ומשם יוצאת הארת אל הנוקבא, וכבר ידעת כי כל הארות שמאיר ז"א אל נוקבא כולם הם על דרך זה. ונמצא כפי זה כי נוקבא לא הפסידה כמוהו, וזהו ענין הפסוק שימני כחותם כו', והוא לשון שאלת הנקבה אליו, שישימנה כחותם כו'. פירוש, כי אלו המוחין הנכנסין תוך רישא דז"א, הם מוחין עיקריים, לפי שהם בחינת המוחין עצמן הנכנסין בו, עם בחינת נה"י דאימא עצמה כנודע. אבל מוחין דרישא דנוקבא הם נקרא חותם בלבד, כי אינם רק הארת חותם הנחתם בה מן המוחין דרישא דז"א, שהם מוחין עיקריים כנזכר. והנה נודע כי ביום יש קירוב לז"א עם נוקבא, לפי שיש בהם בחינת מוחין. אבל בלילה שהמוחין מסתלקים לגמרי שאף הרשימו מסתלק, אז הוא זמן פירוד בין ז"א לנוקביה, לפי שהבחינה שהיתה מקשרת אותם היו המוחין הנמשכין ונתנים ממנו אליה, ועתה בהסתלקותם יש פירוד ביניהם, **ואז היא שואלת אליו ואומרת לו שימני כחותם כו'**. ופירוש, אף על פי שעתה הארתך מסתלקת ממני, עשה באופן שאותו החותם שלי, שהוא הרשימו של המוחין שלי הנשאר בי ביום, ועתה גם הוא מסתלק, **עשה באופן שתשים זה החותם והרשימו שלי על לבך**, וישאר שם במקום החזה כנ"ל, ולא יסתלק לגמרי אל המקום אשר באו משם, כאשר עשו המוחין שלך שנסתלקו לגמרי. אמנם ישארו על לבך כנזכר, וטעם הדבר הוא מפני רוב האהבה שיש לי עמך, וזה מה שכתוב כי עזה כמות אהבה. ואיני יכולה להתפרד ממך לגמרי, ולכן בהשאר אותו הרשימו שלי על לבך, אז תוכל להמשיך לי הארה משם, מה שאין כן אם נסתלק יותר למעלה. ונמצא כי כפי זה שבלילה הוא זמן המעטת זו"ן, שמתמעטים מגדלותם, והוא חוזר בסוד ו"ק בלבד, והיא בסוד נקודה בלבד, ולכן התעוררות הדינים הם בלילה, מה שאין כן ביום, כי אף אחר התפלה שמסתלקים המוחין, ואינו נשאר רק הרשימו בלבד, עם כל זה אינם מתמעטים אבל נשארין בגדולתם על ידי אותו הרשימו. ומה שכתוב במקום אחר כי אחר התפלה הם מתמעטין, אין הכוונה לומר מיעוט ממש, אלא כיון שאין נשאר בהם רק הרשימו בלבד, הרי זה נקרא מיעוט, אבל נשארים הם בגדולתם כל היום, מה שאין כן בלילה, ואז בלילה היא אומרת אליו שימני כחותם כו', ואז בלילה נמצאת היא יתירה עליו, לפי שהרשימו של המוחין שלו נסתלקו לגמרי, אך רשימו דמוחין שלה נשאר קיים בחזה שלו, שהוא על לבו, ומאיר בה משם.

והנה תיכף בהתחלת הלילה מסתלק הרשימו שלו ושלה כנזכר, וכבר נתבאר אצלינו בענין שכיבת הלילה כי זיווג של חצות לילה הוא עם לאה, לא עם **רחל הנקראת נוקבא דז"א האמיתית**, ושם ביארנו ענין זה איך הוא כי הנה רחל נוקבא דז"א יש בה עשר ספירות, והספירה העשירית שבה היא שורש עצמות שבה, ואינה יכולה

להתערב ולהתחבר עם לאה, אמנם התשעה ספירות האחרות הבאים לה על ידי תוספת, אלו הם יכולות להתערב ולהתחבר בפרצוף לאה, ועל ידי כך נגדלת לאה אחר חצות לילה בכל אורך ז"א כולו, על ידי אלו התשעה ספירות שלוקחת מרחל, ושם כתבנו כי היה ספק אצלי אם שמעתי ממורי ז"ל שהתשעה ספירות דרחל הם יורדים בלילה בעולם הבריאה, או אם שמעתי שהספירה העשירית היא היורדת. ועתה אבאר לך אמיתות הדבר בלתי ספק, ודע כי שני סברות אלו שמעתי ממורי ז"ל, ושניהם הם אמיתיות, והענין הוא באופן זה, כי בחצי הלילה יורדת הספירה העשירית דרחל בעולם הבריאה. בהיכל הז' העליון, הנקרא היכל קודש קדשים דבריאה כנודע, ועומדת שם עד אור הבקר, וכל אותה חצות לילה יושבת ומזמרת וקוראה אל ז"א, וזה סוד אלהי"ם אל דמי לך אל תחרש ואל תשקוט אל כנזכר בפרשת לך לך דף ו' ע"א, ותשעה ספירות האחרות הם מתחברות עם פרצוף לאה, ועל ידי כך נגדלת לאה בכל קומת ז"א, ונשארין כך עד אור הבוקר, ובאור הבוקר מתמעטת לאה, וחוזרת לשיעורה הראשון בלבד, ועומדת באחורי ז"א במקומה כנודע. ואז אותם התשעה ספירות שלקחה מן רחל, הם יורדות למטה גם הם בעולם הבריאה, להתחבר עם אותה הנקודה עצמית של רחל שירדה בחצות הלילה, ואז אותה הנקודה העשירית שירדה שם בחצות הלילה, היא עולה עתה באצילות, לפי שבתחילה דחתה אותה לאה שהיתה מתפשטת ולוקחת מקומה כנזכר שם במקומו, ועתה אשר כבר נתמעטה לאה כנזכר, אינה דוחה אותה, ואז היא עולה למעלה באצילות. וגם טעם אחר יש בזה, והוא כי על ידי עסק התורה שעוסקים ישראל הקמים אחר חצות לילה, הם מוסיפם בה כח, והיא עולה מעט מעט, עד שנמצא כי באור הבוקר גמרה היא לעלות באצילות, אבל התשעה ספירות ירדו למטה בבי"ע כנזכר.
44

**ספר הזהר, סבא דמשפטים דקי"ד ע"א** עם תרגום והסבר – **פתח רבי חייא ואמר, שימני כחותם על לבך כחותם על זרועך וגו',** שימני כחותם, בשעתא דאתדבקא כנסת ישראל בבעלה בשעה שהנדבקה כנסת ישראל שהיא נוקבא דז"א, בז"א בעלה בסוד היחוד, **איהי אמרת שימני כחותם** היא אומרת לז"א שימני כחותם על לבך, **ארחא דחותם כיון דאתדבק בההוא אתר דאתדבק** דרך החותם כיון שנדבק באותו מקום שנדבק, **שביק ביה כל דיוקניה** משאיר בו את כל צורתו שהוא הרשימו , **אף על גב דההוא חותם אזיל הכא והכא** אף על גב שאותו חותם, הולך כאן וכאן, והוא האור המסתלק למעלה, **ולא קיימא תמן והא אתעבר מניה** ולא עומד שם עצמות האור ממנו, כי הסתלק למעלה, **כל דיוקניה שביק תמן** כל צורתו ורישומו של האור הוא משאיר שם, **ותמן קיימא** ושם עומד הרשימו במקום שהיה עצמות האור מעיקרא. **אוף הכי אמרת כנסת ישראל** אף כך אמרה כנסת ישראל שהיא הנוקבא לז"א, **כיון דאתדבקנא בך** כיון שנדבקתי בך, **כל דיוקני ליהוי חקיק בך** כל צורתי יהיה חקוק בך, שהוא הרשימו שנשאר לנוקבא דז"א, **דאף על גב דאיזיל הכא או הכא** שאף על גב שאלך לכאן או לכאן בסוד גלות השכינה, שיורדת לבי"ע, **תשכח דיוקני חקיק בך** ותדכר לי תמצא את דיוקני חקוק בך ותזכור אותי. **וכחותם על זרועך,** כמה דכתיב כמו שכתוב, **שמאלו תחת לראשי וימינו תחבקני** שמאלו תחת לראשי וימינו תחבקני, **אוף הכי תהא דיוקני חקיק תמן** אף כך יהיה דיוקני חקוק שם, **ובכן אהא בך מתדבקא לעלמין** ובכן אהיה דבוקה בך לעולמים, **ולא אתנשי מינך** ואל אשתכח ממך. **כי עזה כמות אהבה, תקיפא כמות אהבה** חזקה כמות אהבה, **בתוקפא תקיף** בחזק חזק, **כההוא אתר דשריא ביה מותא** כמו אותו מקום ששורה בו המות, **אהבה, ההוא אתר דאקרי אהבת עולם** אותו מקום שנקרא אהבת עולם. קשה כשאול קנאה, **אוף הכי אף כך, דהא אלין שמהן מההוא סטרא אינון** שהרי אלו השמות הם מאותו צד. **רשפיה רשפי אש, מאן אינון רשפין** מה הם רשפי אש, **אלין אינון אבנין ומרגלן טבאן דאתילידו מההוא אש** רשפיה רשפי אש. הללו אותם אבנים ומרגליות טובות שנולדו מאותה אש, **שלהבת י"ה, מההוא שלהובא דנפקא מעלמא עלאה** מאותה שלהבת שיוצאת מן העולם העליון, **ואתאחדא בכנסת ישראל** ונאחזה בכנסת ישראל, **למהוי כלא חד יחודא** להיות הכל יחוד אחד. **ואבן הא אהבה ורשפין דשלהובא דלבא אבתרך** ואנו הרי אהבה ורשפי שלהבת של הלב אחריך, **יהא רעוא דדיוקנא דילן תהא חקוקה בלבך** יהי רצון שהדיוקן שלנו יהיה חקוק בלבך, **כמה דדיוקנא דילך חקוק בלבן** כמו שהדיוקן שלך חקוק בלבנו, **נשק לון ובריך לון ואזלו** נשק אותם וברך אותם והלכו.
45

הכוונה היא לא לסוף פרשת משפטים בזהר הקדוש, אלא בסוף **סבא דמשפטים**, שהוא חיבור יקר הערך בעניני גלגולי נשמות, והוא בתוך פרשת משפטים.
46

הרומז לבחינת המלכות. **וְהַטַּעַם**[48] **הוּא** למה כל אור שמסתלק מניח רשימו הוא **כי הָאוֹרוֹת הָעֶלְיוֹנִים הֵם** מתייחסים **לְאוֹרוֹת הַהִזְדַּוְּגוּים** מהם **בִּבְחִינַת הָאָב** המתיחס[49] אל וְעַל הַבָּנִים, אֲשֶׁר כל חֶשְׁקוֹ ותאוותו של האב וגם האם הוא **תָּמִיד לְהַשְׁפִּיעַ בָּהֶם** ולתקנם,

---

ספירת המלכות נקראת בדברי חז"ל כנסת ישראל.

**גמרא תענית ד"ד ע"א** – אמר רבי ברכיה אף כנסת ישראל שאלה שלא כהוגן, והקדוש ברוך הוא השיבה כהוגן, שנאמר - ונדעה נרדפה לדעת את הוי"ה כשהר נכון מוצאו ויבוא כגשם לנו, אמר לה הקדוש ברוך הוא בתי את שואלת דבר שפעמים מתבקש ופעמים אינו מתבקש, אבל אני אהיה לך דבר המתבקש לעולם, שנאמר - אהיה כטל לישראל. ועוד שאלה שלא כהוגן, אמרה לפניו רבונו של עולם - שימני כחותם על לבך כחותם על זרועך, אמר לה הקדוש ברוך הוא בתי את שואלת דבר שפעמים נראה, ופעמים אינו נראה, אבל אני אעשה לך דבר שנראה לעולם, שנאמר - הן על כפים חקותיך.
47

בחינת חותם שהוא רשימו רומז למלכות, והוא בסופי תיבות כחותם' על' לבך' והוא סופי תיבות מלך. וכן בסופי תיבות כחותם' על' זרועך' והוא סופי תיבות מלך. ובחינת מלך רומז למלכות )המלך רומז לז"א( וכן חותם המלך הנזכר במגילת אסתר.

**שער הכוונות, דרושי ראש השנה, דרוש ג'** – ונודע כי אימא נקרא שם אהי"ה, גם נודע כי המלכות נקרא גן נעול כו' מעין חתום, כי החותם והיסוד שבה הוא בגימטריא חותם, שהוא שם אהי"ה בג' מילוייו, שהם יודי"ן, ואלפי"ן, וההי"ן, שהם בגימטריא תנ"ה, כמנין חותם עם הכללות, שהם קס"א, וקמ"ג, וקנ"א. וחותם הוא אותיות חומת, כי בחינה זו נקרא חומת ירושלים, גם הוא אותיות תחום, כי עד שם הוא גבול המלכות ותחום שלה, כי הנה ג' אהי"ה הם, ושלשתם מתחילים באות אל"ף, והם סוד ג' אלפים אמה. והא' האחד שנרמז באהי"ה דיודי"ן הוא רשות היחיד, בחינת מציאות עצמה. וב' אהי"ה האחרים דאלפי"ן ודההי"ן הם סוד אלפים אמה תחום שבת, משם ואילך נקרא רשות הרבים, אשר שם מקום החיצונים כנודע.

**אסתר ח' ח'** – ואתם כתבו על היהודים כטוב בעיניכם בשם המלך **וחתמו בטבעת המלך** כי כתב אשר נכתב בשם המלך **ונחתם בטבעת המלך** אין להשיב.
48

**כרם שלמה ש"ו פ"ו אות ב'** – כי עכשיו נותן טעם למה מניחים רשימו האורות אחר הסתלקותם, והוא לטעם שהעליונים הם האבות של התחתונים, והאב צריך להאיר להתחתונים שהם הבנים שלו, כדי להנהיגם כל ימי חייו, כמו שצוונו הכתוב על מצות כבוד אב ואם, שהטעם הוא שחייב לכבד אביו ואמו, מפני שבעת יצירת נשמת הולד והזרעת טיפת אביו ואמו, אז נמשך ניצוץ אחד מנשמת האב והאם עצמם, ומהגוף שלהם, ומלבישים לנשמת הגוף של הולד עצמו. ועל ידי הלבושים האלו שלהם, יוכל הולד עצמו להתנהג כל ימי חיו, ובלתי זה אי אפשר לו להתנהג. ולזה הוא חייב בכבודם, כמבואר לקמן בפרק ה' משער המוחין שער כ' באורך ענין זה. נמצא שמצינו בהאב ממשיך ניצוץ ממנו כדי להנהיג לבנו, שהוא תחתון ממנו, והוא דוגמת הספירות העליונים שהם מניחים רשימו כדי להאיר להספירות התחתונים, כדי להועיל להם, כמו שמועיל הניצוץ של האב לבן. וזה מה שכתב אחר כך, **וכן העניין בכאן** בעשר ספירות, כי העליונים מניחים במקום הראשון קצת הארה הנקרא רשימו, כדי שמשם יומשך הארה לתחתונים. ופשוט הוא עם מה שמבואר.
49

---

הגירסא בפרק ה' דשער זה היא - כמו חשק אמא לבנים. הגירסא באוצרות חיים היא - כדרך האב אל הבן.

**ע"ח ש"ו פ"ה מ"ת דכ"ו ע"ד** – והענין הוא כי כאשר נתעלו האורות למעלה, נשאר למטה האור העב והגס, שהוא בחינת הכלי כנ"ל, והנה יש בטבע האורות להשאיר רושם שלהם למטה, במקום שהיו שם בראשונה, ולכן כל האורות האלו בעת עלותם הניחו רשימו למטה, במקום שהיו שם בראשונה. כיצד, הנה הכתר הניח רשימו להאיר אל החכמה, וכן חכמה לבינה, ובינה לז"א, וז"א לנוקבא. כי לעולם בטבע העליון להאיר לתחתון, ויש לו חשק להאיר בו, **כמו חשק אמא לבנים**, ולכן מניח ומשאיר רשימו בו. נמצא שכולם מניחין רשימו, חוץ מן המלכות, כי אין ספירה אחרת תחתיה להאיר בה, ולכן אין המלכות משארת רשימו למטה.

**כמבואר**[50] **אצלינו**[51] בענין **בכבוד אב ואם, כי**[52] **ניצוץ אחד מהאב** וניצוץ אחד מהאם **נמשך אל הבן**[53] ומלבישים את נשמתו, להדריכה ולסייעה בעולם הזה, לקיים המצות ולעסוק בתורה ועבודת בוראו, והניצוץ הזה **אינו זז ממנו לעולם.**

---

50

**שמן ששון ש"ו פ"ו אות ג' די"ד ע"א** – כמבואר אצלינו בכיבוד אב ואם כו', שער המצות פרשת יתרו, ועיין שער כ"ט פרק י"ב, שער טנת"א פרק ה'.

51

**ע"ח ש"ה פ"ה מ"ב דכ"ג ע"ב** – ובזה תבין איך כל רמ"ח איברים שהם בחינת רמ"ח עצמות, כולם מזכר המזריע לובן, אך מאודם האשה אינו רק השחור שבעין, והדם שבתוך הגידין כו', אך כל העצמות שהשרשים שהם רמ"ח איברים הם מאבא. והנה באותיות אלו משותפת הנפש הם תגין והיא מאימא, כי אין הנפש נכנסת בחומר רק אחר שנזרע שהוא במעי אמא, אך אבא לא נתן בו רק החומר הכ"ב אתוון, שהם העצמות. אך בהכרח היה בתוכה הכל דגרמי הנזכר שלה דף קס"ט, כי ודאי טפת אבא לא היה רק חומר יבש, רק קצת חיות היה בתוכה הנקרא הבל דגרמי, והם סוד הש"ך ניצוצין דנפקו מחכמה, דהיינו אבא, כנודע אצלינו. כי זה הוא **מחובר חיבור גמור בעצמות** אחר המיתה, אך הנפש **שהוא מצד אמא חופפת עליהם מלמעלה,** בסוד ונפשו עליו תאבל, עליו דייקא, כי כמו כשהזריע )נ"א שמזריע( אבא יצא חומר עם הבל דגרמי משותף יחד, )לכן לא נפרדין לעולם ל"ג( כן לעולם אינן נפרדין, אך הנפש באה אחר כך מאמא וחופפת על ההבל, ואז בבטן אשה נכנסת הנפש בט' חדשים מעט מעט, וכשנגמר נולד, לכן גם אחר מיתה חופפת על עצמות ולא בתוכם, כמו הבל דגרמי דאשתאר בחבורא גו גרמאי, כנזכר בפרשת שלח דקס"ט.

**שער המצות, פרשת יתרו** – מצות כיבוד אב ואם ואם הגדול, כתיב - כבד את אביך ואת אמך, ודרשו רז"ל **את** לרבות אחיך הגדול. בענין זה הינו צריכים להרחיב הדיבור מאד, אבל ראיתי לקצר פה, כי כבר ביארתי באריכה בשער הפסוקים בפרשת וירא בלידת יצחק, בענין בנימין דכתיב ביה - ויהי בצאת נפשה כי מתה כו' עיין שם, כי שם נתבאר הדרוש הזה באורך, וכאן נלך בקצרה. הנה הבן הנמשך על ידי אביו הוא עלול ממנו, ואביו הוא עילתו שהמציאו, והעלול משועבד לעילתו הממציא אותו, וכענין מה שכתבו רז"ל )מסכת בבא מציעא דק"ח( בענין ה' גינות המסתפקות ממעין אחד, שהתחתונה מסייעת עם כולם וכו', לפי שהראשון אין לו צורך בצינור המים ההם, רק שימשך עד מקומו, ועד שם הוא מתיקון הצינור, אבל לא משם ואילך. וכן על דרך זה כל חמש חוץ מהאחרון שבהם, שבכל מקום שיתקלקל הצינור מפסיד המים ההם, וצריך לתקן מראשית הצינור עד מקומו. וזה סוד פוקד עון על בנים, וזה סוד אבות אכלו בוסר ושיני בנים תקהינה, גם זה סוד אבותינו חטאו ואינם ואנחנו עונותיהם סבלנו. כי כשהאבות קלקלו צינור המים בהתחלתו, צריכים ביניהם לתקן כל הצינור, ממקום אבותיהם ואילך. אבל כשהבנים מקלקלים הצינור, אין אבותיהם צריכים לתקן מקום בניהם, כי כבר נמשך להם המים במקומם, וזה סוד מה שכתבו בישמעאל, כי שמע אלהי"ם אל קול הנער באשר הוא שם, ולא נענש בעון בניו שעתידין להמית שמונים אלף פרחי כהונה בצמא כמאמר רז"ל, ויובן עם טעם הנזכר. והרי נתבאר טעם כבוד אב ואם, כי אין שפע הבן נמשך לו מלמעלה אלא על פי דרכם ובאמצעותם, כי הוא עלול מהם כנזכר. והנה טעם זה יספיק כאשר האבות והאמהות והבנים כולם נשמתם משורש אחד, ואז הם למעלה והוא למטה מהם, וצריך אליהם כדי שימשך שפעו וחיותו על ידם. אבל כבר נודע כי רוב הבנים אינם משורש אחד, כי זה מן החסד, וזה מן הגבורה, וכיוצא בזה. ובפרט במגולגלים כי אין להם יחוס עם אבותיהם ברוב הפעמים, ואין להם שם יחוס וקירבה עם נשמות אבותיהם. או אמותיהם כלל ועיקר, ואדרבא מצינו לפעמים רבות אדם נבזה ושפל עד קצה האחרון, מוליד בין צדיק גמור וחכם גדול, ונשמתו למעלה מנשמת אביו אלף מדרגות, ואיך יהיה חייב בכבודו. אבל סוד הענין הוא זה, דע כי כל נשמה ונשמה הוא נמשכת מן החסדים או מן הגבורות שבדעת דז"א, ויש לה שורש בפני עצמה שם, והנה בעת שמזדווג האדם עם בת זוגתו, הם ממשיכים הנשמות הנזכרים, ואז אביו נותן בה מבחינת החסדים אשר בו, קצת חלק מהם, ומתחבר עם הנשמה החדשה הזו, ונעשה בחינת אביו כעין לבוש אליה, כדי להדריכה ולסייעה בעולם הזה, לקיים המצות ולעסוק בתורה. כי הנה הולד נולד קטן, ואיך ידע מעצמו ללכת בדרכי התורה והמצות, אם לא על ידי חלק נשמת האב המסיעו, ומייעצו, ומדריכו ללכת בדרך זו ילד. ואם הנשמה הזאת היא חדשה, לא

הורגלה בעולם הזה, וצריכה סעד לתומכה ולהנהיגה, גם היא נשמה מגולגלת. והם היא צריכה עזר, לפי שעובותיה הראשונים מעכבים על ידה מלכת בדרך טוב. כך על דרך זה אמו נותנת בנשמה זו חלק מבחינת הגבורה אשר בה, ונעשת לה כעין לבוש. באופן כי כל מה שיעשה האדם בעולם הזה, יש בו חלק לאביו ולאמו, כי הם המסייעים אותו, ומדריכים אותו בעולם הזה, על ידי הלבוש שילבשוהו כנזכר, ואפילו כל השפע שמשפיעין עליו מלמעלה, אינו נמשך אלא על ידי המלבוש הזה. והרי נתבאר ענין שותפות האב ואם בולד, ובזה נתבאר כבוד אב ואם, וזה טעם והתקדשתם והייתם קדושים, והחמירו חז"ל מאד שיקדש האדם עצמו בשעת תשמיש, לפי שאם יקדש יקדש עצמו ימשיך לבנו לבוש עליון וקדוש, אשר על ידו יזכה להרבות תורה ומצות. ואף על פי שהנשמה של הבן מעולה מנשמת האב, הנה היא צריכה אל לבוש אביו כנזכר. ולא עוד, אלא שאם לא יקדש האב עצמו בעת התשמיש, ימשיך לבנו לבוש אחר רע, ויהי אליו כדמיון יצר הרע ממש להחטיאו. ובזה תבין גם כן טעם למה מענישים האב בשביל בנו, כיון שהוא למטה ממדרגתו, אבל יובן עם זה כי הוא גורם להחטיא את בנו. והבן זה מאד, והרי נתבאר ענין כבוד אב ואם.
52

**ע"ח ש"כ פ"ה דצ"ק מ"ק ע"ח ע"ב** – הנה בעת העיבור נכנסה בו בחינת נפש לבד, והענין דע כי אי אפשר בשום אופן להצטייר הולד אלא על ידי נפש הנותן כח בו. ואמנם נפש הזה אינה יכולה לכנוס, עד שהתחיל איזה התחלה להצטייר בגוף הולד, ולכן הוכרח שתתחלה יטילו הזכר והנקבה טפת זרע החומריים, וזה נמשך מחלק אבר הכבד של הזכר והנקבה עצמן, ואז נמשך בטפת הם קצת רוחניות מנפש האב ואם עצמן, כנודע לחכמי הטבע. ואז כבר יש שאור להחמיץ, ואז מתבררין הבירורין של ז"א מעט מעט, ומבררתן אימא לבד על ידי אכילתה, ובזה נתוסף החומר בולד, וגם בנפשה מברבת בירורי נפש דז"א, באופן שמתחילין להתברר מבחינת כלים ומהניצוצין ומאורות הנפש מעט מעט. ואמנם טפת הזרע נמשכת מהחומר של האב, והרוחניות שבו מן הנפש עצמה שבאב, וכן כיוצא בזה בטפת האם יש בה החומר האם עצמה, ורוחניותיה שבה, מהנפש שבה. והנה הנפש ההוא נקרא רוחא דשדי בגווה כנודע, ומשם נותנה קצת מן אותה הרוח בתוך הטפה ההוא, ונמצא עתה כי התחלת שאור להחמיץ העיסה, שהם בירורי הולד עצמן, הנה הם ב' טפות זכר ונקבה, עם ב' ניצוצין נפשות או"א עצמן, והנה כפי אותן הניצוצין הנ"ל של או"א, כך דוגמתן הם מתבררים ברורי נפש הולד עם הכלים גם כן, ר"ל אם עשו איזה מצות התלוין בעין, ממשיכין ברורי נפש התלויה בעין, וכיוצא בזה, ודי בזה. ונחזור לענין כי אלו הניצוצין שנמשכו מאב ואם בתוך הטפות שלהם, הנה **מהניצוצין נעשה מלבוש אל הנפש של הולד**, בסוד בבגדו בה כנזכר בסבא, ומן הטפות עצמן נעשה פנימיות החומרים של גוף הולד, לפי שבתוך טפת אלו נכנסת נפש הולד להצטייר, ולברר הכלים שלו, **וזה הטעם הנזכר לנו במצות כבוד אב ואם**. ואמנם אחר שכל טפות אלו כל אחת מהם נמשכת מרמ"ח איברי או"א, לכן יש בכללותיה רמ"ח איברים, ותחילה מתחלת אותה ניצוץ הנפש שנמשך מאו"א, שגם בה יש כללות רמ"ח ניצוצין, ואז הניצוץ הראשון והמעולה מתחיל להצטייר טפת איברי הכבד שיש בתוך אותה טפה, כנודע לחכמי הטבע. ואז ממשיך אותם הבירורים של הולד עצמו, מבחינת הכבד שלו, ומתחיל להצטייר בחינת הכבד של הולד, ונמשך שם חלק הנפש מכבד של הולד, ומצטייר הכלי של הכבד, וכל זה על ידי טפת האב עם ניצוץ הנפש אשר שם משל אב כנודע. כי זהו דמיון הקום שנותנין בתוך החלב, שהוא טפת האם ונקפית ומצטיירת, ואז משם ואילך מתחיל הכבד לברר בירורי הולד, לצורך רמ"ח איבריו, ונעשה בו דם, ואז משתלחא הדם ההוא דרך הוורידין, ומצטיירין האיברים, ונעשו בשר, וגידין, ועצמות, וכפי מה שמתבררים ניצוצי נפש הולד, כך הוא שיעור הבירור בחינת איברים של הולד. וכן כפי מה שנתרבה ונגדל בחינת הכבד עצמה, כך נגדלים כל הכלים של רמ"ח האיברים של הולד, על דרך זה הם הולכים ומתגדלים כל ט' חדשי העיבור, ונגמרין תשע ספירות דז"א בבחינת כלים, ונפש, וניצוצין של זעיר אנפין עצמו. וכל זה היה לסבת השאור של הטפה של או"א בחומר וצורה, באופן כי כשנולד ז"א כבר יש בו בחינת רמ"ח איברים דכלים, וניצוצין, ואורות מבחינת נפש של ז"א. **ואמנם ניצוצין נפשין דאו"א נעשו לבושים אל הנפש עצמו דז"א כנ"ל**, ובאו מלובשים תוך ניצוצי טפת החומר דכלים דאו"א, נמצא סדרן כך הוא, חוץ מן הכל הם רמ"ח איברים דגופא דז"א, ובתוכם טפת אמא כלולה מרמ"ח בחומר שלה, ונפש שלה. ובתוכו טפת אבא, כלול מרמ"ח בחומר שלו, ובנפש שלו. ובתוך הכל הוא נפש אדם עצמו דז"א, נתון שם. ונמצאת נפש דז"א עומדת בכבד מלובשת תוך טפת נפש אבא ונפש אמא, והם מלובשים בטפת הכלים, ומשתלחים ענפים וניצוצות נפש דז"א, ברמ"ח איבריו, בהיותן מלובשים תוך נפש דאו"א, בתוך טפת כלים שלהם דאו"א כנ"ל. נמצא כי מתחלת הריון התחילו להצטייר כל

**ו**כמו שהאב והאם מניחים ניצוץ אחד לבן כדי לסייעו ולהדריכו **כֵּן הָעִנְיָן בכאן בְּעֶשֶׂר סְפִירוֹת** דעולם העקודים, **כִּי** כאשר האור הזך של **הָעֶלְיוֹנִים** שמסתלקים למאציל **מֵנִיחִין בַּמָּקוֹם הָרִאשׁוֹן** שהיו בו מעיקרא **קְצָת הָאָרָה הַנִּקְרֵאת רְשִׁימוֹ, כְּדֵי שֶׁמִּשָּׁם יוּמְשָׁךְ** על ידי הרשימו הזה **הָאָרָה לִסְפִירוֹת הַתַּחְתּוֹנִים** ממנו, ובכך לא יפסק הקשר בין העליון לתחתון, כמו שמקשר הניצוץ האב והאם לבן, ועל ידי ניצוץ זה הם מתקשרים בו. **וְנִמְצָא**[54] **כִּי בְּהֵעָלוֹת** האור הזך של **הַכֶּתֶר** דעקודים **וּבְהִסְתַּלְּקוּתוֹ** למאציל, **מֵנִיחַ** הכתר **רְשִׁימוֹ אֵזוֹד בִּמְקוֹמוֹ** הראשון מעיקרא **בְּכְלִי הַהוּא שֶׁלּוֹ**[55] שהוא האור העב והגס, ולא[56] כלי ממש, **כְּדֵי**[57] שהרשימו זה דכתר יוכל **לְהָאִיר** גם כן

---

הבחינות הנ"ל ביחד. אמנם ראשית כולם היו טפת או"א, חומר וצורה, והיו ממשיכין שם בירורים הכלים והנפש דז"א עצמו מעט מעט. בין מהכלים, בין מהאור, באופן שבהשתלם זמן העיבור נשלמו ביחד כל הבירורין של רמ"ח איברים בבחינת כלים, ובבחינת נפש שבהם. אמנם דע כי עדיין לא נכנסו שם רק בחינת נפש שבנפש דז"א, ולכן לא נתבררו רק הכלים של החלק של הנפש שבנפש דז"א, כי כפי הנברר מן הנפש נתברר מהכלי, ולכן עדיין קומת גוף העובר קטן מאד. עם היותו כלול מעשר ספירות, ורמ"ח איברים שלו, שהם מבחינת נפש שבנפש כנ"ל.
53

**גמרא סוכה דנ"ו ע"ב** — **כדאמרי אינשי** בדרך שרגילים אנשים לומר, **שותא דינוקא בשוקא** הדיבור של התינוק בשוק, **או דאבוה או דאימיה** הוא שמע אותו או מאביו או מאמו.
54

**בית לחם יהודה ש"ו פ"ו** — ונמצא כי בעלות הכתר ובהסתלקותו, מניח רשימו אחד בכלי ההוא שלו. מדקאמר בכלי ההוא שלו, מבואר שגם בכתר הניח רשימו, וכלי שהוא האור העב והגס, ומה שכתוב בפרק ה' דלעיל שהכתר הניח רשימו, ולא כלי וכו', היינו שלא הניח **כלי גמור** כשאר האורות, מטעם שלא היה מי שיכה ברשימו שלו, כמו שכתוב בפרק ה' בד"ה וכשעלה, יעו"ש.
55

**כרם שלמה ש"ו פ"ו אות ג'** — ונמצא כי בעלות הכתר ובהסתלקותו. ר"ל על פי הקדמה המבוארת לעיל, כי הספירות מניחין רשימו במקום שהיו, נמצא עתה בהעלות ר"ל האור הזך של הכתר למהמאציל העליון, מוכרח הוא שיניח רשימו בתוך האור העב, שהוא האור הנעשה אחר כך כלי, וזהו מה שכתב - בכלי ההוא שלו, ר"ל **באור העב הנשאר למטה הנעשה אחר כך בחינת כלי.**
56

**ע"ח ש"ו פ"ה מ"ת דכ"ז ע"ב** — וכשעלה יסוד הניח רשימו במקומו, וכשבא האור לו דרך אחוריו הכה בזה הרשימו ונפלו ממנו נצוצין, ונעשה ממנו בחינת כלים של היסוד, ואז אותו הרשימו היה מאיר בכלי זה מרחוק, ולא נכנס בתוכו, והם סוד התגין וכמו שנבאר בע"ה בדרוש הנקודות. עיין שם. וכן עשו כל הספירות, **חוץ מכתר** שהניח הרשימו לצורך החכמה, **אבל לא עשה בחינת כלי**, לפי שבשלמא שאר הספירות בהעלותם למעלה על ידי הכאה במה שלמעלה מהם. )נ"א הכאה של הרשימו( היה נעשית בחינת הכלים, אך הכתר לא יש מי שיכה ברשימו שלו )נ"א אותו בעלייתו(, לכן לא נגמר עדיין הכלי שלו, **והרי כי הכתר הניח רשימו ולא כלי.** ושאר הספירות הניחו רשימו וכלי. ומלכות הניח כלי ולא רשימו.
57

**כרם שלמה ש"ו פ"ו אות ג'** — והתועלת של הרשימו הוא כדי להאיר ממנו לחכמה אשר תחתיו, אחר שהוא עלה ויסתלק, ר"ל הרשימו נשאר בתוך הכלי של הספירה המסתלקת ועולה למעלה. אינו מועיל לעצמו דוקא, אלא כדי להאיר להספירה התחתונה ממנה. גם כן ואין התועלת שלו כדי להאיר לתחתון דוקא ולא לעצמו. והראיה כמו שכתב לעיל בפרק ה' כי מן הרשימו שהשאיר היסוד בכלי שלו **מאיר גם כן** אל המלכות, **גם כן דייקא**, אם כן מה שכתב הכא כדי להאיר ממנו לחכמה, ר"ל כדי להאיר **גם כן לחכמה מלבד מה שמאיר לכלי שלו**, וזאת ההארה שמאיר הרשימו להחכמה היא אחר הסתלקות האור הזך של הכתר, ולא בעוד שהאור

**מִמֶּנּוּ** לְאוֹר ספירת הֵחוֹכמה **אֲשֶׁר** נמצאת **תזַזְתִּיו**, ורשימו זה דכתר נשאר להאיר ולהשפיע לאור חכמה **אֲזַר שֶׁהוּא** ]דכ"ח ע"ב 55[ **עַצְמוֹ** ר"ל אחרי שעעצמות אור הכתר **יַעֲלֶה וִיסְתַּלֵק** למאציל **(נ"א אֲזַרִי שֶׁיַּעֲלֶה וִיסְתַּלֵּק). וַאֲזַר שֶׁהוּא** ר"ל עצמות אור הכתר **עֲלָה** להתייישב במקומו בתוך פה דא"ק, וּלְפני שעלה אור הכתר **וְנִסְתַּלֵּק** למאציל, ר"ל בזמן ובדרך עלייתו לפה דא"ק, **אָז נִמְשֶׁכֶת הָאָרָה** מן הרשימו **אֶל אוֹר הֵחוֹכמה**, והארה זאת הנמשכת לאור החכמה נמשכת **בֵּאוֹתוֹ הָרְשִׁימוֹ שֶׁהֵנִּיַּז הֵכֶּתֶר בַּכְּלִי שֶׁלוֹ.**

אחרי שנעלם אור הכתר במאציל, ואור החכמה מסתלק גם הוא למאציל, לכאורה נראה שלא צריך יותר את אור הרשימו, כי סיים את תפקידו להאיר לאור החכמה, עם כל זאת מבאר הרב ז"ל כי אור הרשימו נשאר בכלי שלו, ולא זז ממנו. **וְאַף עַל פִּי שֶׁיֵּאוֹר** הכתר עלה לפה דא"ק, **וַאֲזַר כך יִתְעַלֶּה וִיסְתַּלֵּק גַּם כֵּן אוֹר זֵחוֹכמה אֶל הֵמַּאֲצִיל** ולכאורה נראה שלא צריך את רשימו דכתר להאיר לאור חכמה, **אַף עַל פִּי כֵן אוֹתוֹ רְשִׁימוֹ שֶׁנִּשְׁאַר בַּכְּלִי שֶׁל כֶּתֶר אֵינוֹ זָז מִמֶּנוּ** לעולם, **אַף אֲזַר שֶׁעֲלָה** אור הֵחוֹכמה אֶל הֵמַּאֲצִיל כי לאור הרשימו יש עוד מספר תפקידים[59]. **וְכֵן[60] אֲזַר כך כְּשֶׁעֲלָה**

---

של הכתר למטה, כי אז בלאו הכי יש אור הכתר עצמו עצמו כולו, אבל ההארה של הרשימו הזה אינה נמשכת אלא בזמן שאינו מצוי אור העיקרי במקומו למטה, אלא נסתלק למעלה.
58

**כרם שלמה ש"ו פ"ו אות ג'** – ומה שכפל לשון שהוא עליה והסתלקות בכתר, ובחכמה, וכן בכולם הוא על פי מה שכתב לקמן בפרקין וז"ל - כי כל אחד מן ההסתלקות היה להם ב' בחינות, גרעון ותוספת וכו', ור"ל בעת המשכת העליה הוא גירעון, וזהו בחינת הסתלקות, ר"ל הסתלקות ההארה מן התחתונים. ואחר שעלה וישב במקומו הראוי לו, כגון להמאציל, אז היא נקראת בחינת עליה. כי על ידי זה קונים מעלה, ומדרגה אחת, ועלייה נקראת לגבם. וזהו מה שכתב הכא כי בהעלות הכתר ובהסתלקותו מניח רשימו וכו', ר"ל בא לרמוז לנו שאפילו בהכתר עצמו שייך בו ב' בחינות, שהם עליה והסתלקות, שהעלייה הוא אחרי שישב במקומו בהמאציל. וקראה עלייה על שם שקונה על ידי זה מעלה. והסתלקות הוא בעת המשך הזמן של העלייה, שהיא בדרך קודם שתגיע במקומה הראוי לה. וקראה לזה בשם הסתלקות, מפני שעל ידי עלייה הזאת ההארה הנמשכת לתחתונים על ידי ביאת הספירה הזאת העולה עתה, כולם הם מסתלקים, כמו שכתוב לעיל בפרק ד', ובפרקין לקמן.
59

תפקידו של אור הרשימו הוא לא רק להאיר לאור הספירה שתחתיו, אלא יש לו עוד תפקידים. כגון להאיר לכלי שלו עצמו, להאיר לכלי ולרשימו שנמצאים תחתיו, לבטש באור הספירה התחתונה שעולה כדי לבנות את הכלי דליה, ועוד.
**ע"ח ש"ו פ"ה מ"ת דכ"ו ע"ד** – ונתחיל לבארם מן היסוד שהוא אחרון מן המניחים רשימו, ונאמר כי בעת עלייתו )נ"א עלות( מן היסוד אל מקום ההוד עד למעלה, מניח רשימו במקום שהיה היסוד לצורך המלכות, **ואותו הרשימו אינו מסתלק לעולם משם**, אפילו כאשר המלכות חוזרת ועולה להמאציל, וכן עושין כל שאר הספירות, חוץ מן המלכות כנ"ל.
**ע"ח ש"ו פ"ה מ"ת דכ"ז ע"א** – נמצא שיש כאן ג' מיני אורות. אחד האור הראשון שבכולם, והוא נקרא עקודים כנ"ל, ב' הוא הרשימו שנשאר מזה האור שבא דרך יושר והוא רחמים, ג' הוא האור הבא אליו דרך עליית הספירות, שאז הוא דרך אחוריים, שהוא דין. והנה בבא אור הג' שהוא דין, פוגע באור הרשימו הנשאר שהוא רחמים, **ואז מכים ומבטשים זה בזה**, משום שהם ב' הפכים, זה אור ישר והוא רחמים, וזה אור חוזר והוא דין, וזה חפץ לעלות אל מקורו, והוא אור הרשימו, אף על פי שאינו עולה ממש, עם כל זה חשקו וחפצו הוא להדבק ולקבל ממנו. והאור חוזר הוא חפץ לירד. נמצא ששניהם אינם שוים בטבעם, לכן מכים זה בזה כנודע, כי כל בחינת הכאות ובטישות אורות זה בזה הוא כאשר אינן שוין, ואז נופלין ניצוצין מאור היורד.

אור הזך של **הַחֹכְמָה** למקום הכתר מעיקרא, ואחרי שהסתלק אור החכמה ממקום הכתר ועלה **לַמַּאֲצִיל,** **מַנִּיחַ** אור החכמה בעת הסתלקותו למקום הכתר מעיקרא **רְשִׁימוּ בִּכְלִי** החכמה **שֶׁלּוֹ,** ורשימו זה נשאר בכלי החכמה נשאר כדי **לְהָאִיר מִמֶּנּוּ לַבִּינָה** אפילו כאשר אור החכמה עלה ב' מדרגות, אחת לכתר ואחת למאציל, **אַחֲר שֶׁהַסְתַּלֵּק עַצְמוֹ** אור החכמה אל המאציל והיה עולה אל המאציל, עם כל זה נשאר הרשימו דחכמה בכלי שלו, וכאשר עלה אור החכמה למאציל, נשאר הרשימו שלו בכלי שלו, כדי להאיר לכלי ולרשימו דבינה, ולכלי שלו.

**וְאַף גַּם אַחַר עֲלוֹת** אור **הַבִּינָה** ג' נסיעות, אחת למקום החכמה מעיקרא, והשנית למקום הכתר מעיקרא, והשלישית **לַמַּאֲצִיל, אֵין** הָרְשִׁימוּ **שֶׁל** אור **הַחֹכְמָה מִסְתַּלֵּק מִכְּלִי** של **הַחֹכְמָה** לעולמים, הרשימו דחכמה מאיר לכלי שלו, וגם מאיר לכלי ולרשימו דבינה. **וְכֵן**[61] **עַל דֶּרֶךְ זֶה** בְּכֻלָּם כל ספירה וספירה שמסתלקת ממקומה העיקרי מניחה רשימו לספירה שתחתיה, ואפילו שכל ספירה עולה ונעלמת במאציל, נשאר הרשימו שלה בכלי דיליה, **עַד** ספירת **הַיְסוֹד**[62] שגם היא משאירה רשימו שמסתלקת למעלה.

**אֲבָל**[63] אור **הַמַּלְכוּת כַּאֲשֶׁר מִסְתַּלֵּק** מהכלי שלה, ועולה למעלה, **אֵינָה מַנַּחַת רְשִׁימוּ בִּכְלִי שֶׁלָּהּ, לְפִי שֶׁאֵין**[64] **שׁוּם סְפִירָה תַּחְתֶּיהָ לְקַבֵּל הָימֶנָּה** כי עדיין לא

---

**כרם שלמה ש"ו פ"ו אות ג'** – והטעם ידוע על פי מה שכתב לעיל, **כי הרשימו צריך להאיר לכלי שלו עצמו גם כן,** ולא בלבד להספירה התחתונה ממנו. ועוד אף על פי שהאור העיקרי של החכמה עלה למעלה, עם כל זה הכלי שלו, והרשימו שלו נשארו עדיין במקומם. והרשימו של הכתר מאיר להם במקום שהיה מאיר אל האור העיקרי של החכמה. וכן על דרך זה השאר גם כן על דרך זה, ופשוט.
60

**כרם שלמה ש"ו פ"ו אות ג'** – וכמו שהסדר הזה הוא בהכתר לגבי החכמה, כן הוא ממש בההחכמה לגבי הבינה. וזה מה שכתב אחר כך, וכן אחר כך כשעלה החכמה להמאציל, פירוש בתחלה עלה להכתר, ואחר כך להמאציל, כמו שכתוב לקמן באורך בפרקין. ולא בבת אחת עלה למאציל, והוצרך להשמיענו בההחכמה גם כן, מפני שהייתי אומר שזה השארת הרשימו שייכא דווקא כשהספירה עלתה ונתרחקה מן הכלי שלה מדרגה אחת דווקא, ולא יותר. ולזה הרשימו נשאר במקום שהיתה בתחילה, מפני שהרשימו אינו רחוק מהאור שלו כי אם מדרגה אחת דווקא ולא יותר, ולזה מתרצה הוא להשאר במקומו הראשון, ולא יעלה ויגרר אחר האור העיקרי שלו. אבל אם היה ב' מדרגות או יותר, הייתי אומר שהרשימו נגרר ועולה אחר האור העיקרי שלו, ולזה הוצרך להשמיענו הכא, כי החכמה אף על פי שעלתה להמאציל, ונתרחקה ממקומה ב' מדרגות, אף על פי כן משאיר גם כן הרשימו שלו במקומו הראשון, ולא יגרר אחר האור העיקרי שלו.
61

**כרם שלמה ש"ו פ"ו אות ג'** – ולא החכמה בלבד משארת רשימו, אף על פי שנתרחקה ב' מדרגות, אלה אפילו הספירות שלמטה ממנה שעלו להמאציל, ונתרחקו ממקומם יותר מן החכמה, אף על פי כן הרשימו נשאר למטה במקום הראשון, ומאיר לתחתון ממנו, ואינו נגרר ועולה אחר האור העיקרי שלו. אף על פי שטבעו הוא כן, כמו שכתב לעיל בפרק ה' וז"ל - וזה חפץ לעלות אל מקורו, והוא אור הרשימו, אף על פי שאינו עולה ממש, עם כל זה חשקו וחפצו הוא להדבק ולקבל ממנו. כי המאציל העליון הטביע בו טבע זה, שאינו נמשך אחר אור העיקרי שלו, כדי להאיר בתוך הכלי שלו.
62

**הגהות וביאורים )ה(** – עיין לעיל פרק ה'.
63

**כרם שלמה ש"ו פ"ו אות ג'** – ר"ל לפי הטעם האמור לעיל, כי הרשימו שהוא תעלתו הוא, כדי להאיר להספירה התחתונה הימנה ולעצמה. הואיל ואין שם ספירה למטה ממנה, אינה טורחת ומנחת רשימו במקומה,

יצא עולם האצילות, **וְאַף**[65] **עַל פִּי שֶׁעָתִיד לִהְיוֹת** תחת המלכות דעקודים **עוֹלָם אַחֵר** (נ"א[66] **שֶׁיֵּשׁ עוֹלָמוֹת אֲחֵרוֹת**) **תַּחְתֶּיהָ** שהוא עולם האצילות, העומד[67] מטבור דא"ק ולמטה, והפרצופים והספירות דעולם האצילות יהיו **מְקַבְּלִים מִינָהּ** שפע והארה והיה ראוי שגם אור המלכות ישאיר רשימו לעולם האצילות, עם כל זאת **אֵינָהּ הִיא מִסּוּג**[68] **שֶׁלָּהֶם**[69] כי אורות[70] העקודים הם מבחינת ב"ן דע"ב דס"ג, והאצילות נתקן מאורות עסמ"ב דמ"ה וב"ן ומאורות סמ"ג דס"ג. וְעוֹד[71] הרשימו של מלכות דעקודים גדול מכל עולם האצילות, ואין כח באצילות לקבל אור זה, **וְאֵין**[72] **לָהּ** למלכות דעקודים **דְּבִיקוּת עִמָּהֶם** ר"ל עם

---

ובכלי שלה. כי למי מאיר אם אין שם ספירה לקבל ממנה. כי על פי שעתיד להיות ממנה עולם האצילות, והיא תקבל ממנה, עם כל זה אינה היא מסוד שלהם. פירוש שהוצרך להיות נשאר הרשימו, מפני שהאורות העיקרים הם מסתלקים למעלה. בין מהם בין מהספירות שלמטה מהם, ולזה מועיל הרשימו להאיר, מפני שיש זמן שאין שם האורות העיקריים, כי הלכו למאצילם להשתלם.
64

**ע"ח ש"ו פ"ה מ"ת דכ"ו ע"ד** – נמצא שכולם מניחין רשימו, **חוץ מן המלכות, כי אין ספירה אחרת תחתיה להאיר בה.** ולכן אין המלכות משארת רשימו למטה.
65

**שמן ששון ש"ו פ"ו אות ד' די"ד ע"א** – ואף על פי שעתיד להיות עולם אחר תחתיה, מקבלים מינה, אינה מסוג שלהם כו'. ותבין איך רבינו מתרץ ב' תירוצים. דתחילה כתב לפי שאין שם ספירה תחתיה לקבל הימנה, עתה דמשמע דעדיין לא יצא עולם האצילות. אחר כך כתב ואף על פי שעתיד להיות כו', מקבלים מינה, אינה מסוג שלהם כו', ועיין לעיל פרק ה' אות ד' מה שכתבנו ודו"ק.
66

כך היא הגירסה בעץ חיים כתב יד לרש"ש.
67

**תרשים ו – ג.**
68

**כרם שלמה ש"ו פ"ו אות ד'** – אבל העולם שלמטה מהם, שהוא עולם האצילות, אינה היא מזאת הבחינה של הסתלקות האורות למעלה כדי להשתלם, כדי שיהיו צריכים הארה מלמעלה מהם, והוא מן הרשימו שלמעלה מהם. ועוד הכא ההסתלקות הוא לסתור על מנת לבנות, והוא מה שעולים האורות למעלה הוא כדי שישתלמו ויבנו הכלים שלהם, ורוצים בתקנה של הספירות שלמטה מהם, כדי שלא יתבטלו הכלים לגמרי. משאין כן בעולם האצילות אין שם מזאת הבחינה, והוא כמו שכתוב לעיל בפרק ה' בד"ה אמנם ההפרש וכו', ואין רשות להאריך.
69

**הגהות וביאורים )ו(** – והבן איך רבינו מתרץ שני תירוצים. דתחילה כתב לפי שאין שם ספירה אחת תחתיה לקבל מימנה עתה, דמשמע דעדיין לא יצא עולם האצילות. ואחר כך כתב ואף על פי העתיד, להיות אינה מסוג שלהם, שמן ששון.
70

אור העקודים הוא בחינת ב"ן דע"ב דס"ג, והוא אור מאורות האח"פ. לעומת זה עולם התיקון, שהוא עולם האצילות נתקן מאורות של עסמ"ב דמ"ה וב"ן, ואורות סמ"ג דס"ג.
**תרשים ו – ד.**
71

**כרם שלמה ש"ו פ"ו אות ד'** – כי הרשימו כוחו גדול לגבי עולם האצילות.
72

**כרם שלמה ש"ו פ"ו אות ד'** – ואין לה להאצילות דבקות עם עולם העקודים, פירוש שעל אף שסוף סוף היא מקבלת מן העקודים, על כל פנים הדבר הוא על ידי שרשים, כמו שכתוב לעיל בפרק ה'. שבכל עולם יש

הַסְּפִירוֹת דַּאֲצִילוּת, אֲפִילוּ[73] שֶׁהַשׁוֹרָשִׁים דַּאֲצִילוּת נִמְצָאִים בְּמַלְכוּת דַּעֲקוּדִים, **כְּמוֹ שֶׁיֵּשׁ דְּבֵיקוּת אֶל הָעֶשֶׂר סְפִירוֹת דְּבְכָל עוֹלָם וָעוֹלָם בִּפְנֵי עַצְמוֹ** מִפְּנֵי שֶׁכָּל עוֹלָם וָעוֹלָם הוּא סוּג וּמַדְרֵגָה בִּפְנֵי עַצְמוֹ, זֶה מִמִּשְׁפַּחַת ע"ב דְּס"ג, וְזֶה מִמִּשְׁפַּחַת סמ"ג דְּס"ג וְעֶסמ"ב דְּמ"ה וּב"ן. **נִמְצָא כִּי כָּל אוֹתָן הַסְּפִירוֹת** מְכֻתָּר עַד הַיְסוֹד **הֵם מְנֻזָּזִין רְשִׁימוּ בִּמְקוֹמָן** לְהָאִיר לְאוֹר הַסְּפִירָה שֶׁמִּתַּחְתֵּיהֶן, **וּבְכֵלִי שֶׁלָּהֶן** לְהָאִיר לִסְפִירָה שֶׁלָּהֶם עַצְמָהּ **כַּאֲשֶׁר רוֹצִין לְהִסְתַּלֵּק וְלַעֲלוֹת** לְמַאֲצִיל. **אָמְנָם אוֹר הַמַּלְכוּת** כַּאֲשֶׁר הוּא מִסְתַּלֵּק וְעוֹלֶה מִמְּקוֹמוֹ לְמַאֲצִיל **אֵינוֹ[74] מְנֻזָּז** וּמַשְׁאִיר שׁוּם **רְשִׁימוּ בַּכֵּלִי שֶׁלָּהּ** כִּי אֵין שׁוּם סְפִירָה תַּחְתֶּיהָ לְהָאִיר לָהּ, וְהַחִיּוּת שֶׁל סְפִירַת הַמַּלְכוּת בָּהּ לָהּ **רַק מִן[75] הָרְשִׁימוּ שֶׁמַּשְׁאִיר אוֹר הַיְסוֹד** הֵאִיר **בְּכֵלִי שֶׁלּוֹ** עַצְמוֹ, וּמֵהָרְשִׁימוּ שֶׁנִּשְׁאָר בַּכֵּלִי הַיְסוֹד **מִשָּׁם נִמְשָׁךְ הֶאָרָה אֶל** הַ**כֵּלִי שֶׁל הַמַּלְכוּת[76]**, וְהָאָרָה זֹאת נִמְשֶׁכֶת לִכְלִי הַמַּלְכוּת **אַחַר הִסְתַּלְּקוּת** וַעֲלִיַּת **הָאוֹר שֶׁלָּהּ** לְמַאֲצִיל.

**וְזֶה[77] סִבָּה אַחֶרֶת** בְּנוֹסָף לְטַעַם[78] שֶׁהָרַב ז"ל הֵבִיא בַּפֶּרֶק ה' דְּשַׁעַר זֶה **לָמָּה נִקְרֵאת הַמַּלְכוּת** בַּסֵּפֶר הַזֹּהַר[79] **עֲנִיָּה דְּלֵית לָהּ מִגַּרְמָהּ כְּלוּם, וְגַם** הַמַּלְכוּת **נִקְרֵאת אַסְפַּקְלַרְיָא דְּלָא**

---

עֲשָׂרָה שׁוֹרָשִׁים, בְּהַמַּלְכוּת שֶׁל אוֹתוֹ עוֹלָם, כְּדֵי לְהַשְׁפִּיעַ לְהָעֲשָׂרָה סְפִירוֹת שֶׁל הָעוֹלָם שֶׁלְּמַטָּה מִמֶּנּוּ. וְצָרִיךְ לְקַבֵּל עַל יְדֵי הַדְּרָגוֹת, וְלֹא בְּבַת אַחַת, כְּדֵי שֶׁיּוּכַל לִסְבּוֹלוֹ הָאוֹר שֶׁל עוֹלָם שֶׁלְּמַעְלָה מִמֶּנּוּ, וּפָשׁוּט.
[73]

**ע"ח ש"ו פ"ה מ"ת דכ"ז ע"ד** – וְדַע כִּי **בְּמַלְכוּת שֶׁל עוֹלָם הָעֵקוּדִים נִשְׁאֲרוּ בָּהּ עֶשֶׂר שׁוֹרָשִׁים שֶׁל עֶשֶׂר הַנְּקוּדִים**, כְּמוֹ שֶׁנִּתְבָּאֵר בע"ה. וְעַל דֶּרֶךְ זֶה בְּכָל אֲצִילוּת, כִּי הַמַּלְכוּת שֶׁל הַשׁוֹרָשִׁים אֲשֶׁר בְּפֶה א"ק, הִיא כְּלוּלָה מֵעֶשֶׂר, וְהֵם עֶשֶׂר שׁוֹרָשִׁים אֶל עֶשֶׂר דַּעֲקוּדִים, וּבְמַלְכוּת דַּעֲקוּדִים יֵשׁ עֶשֶׂר שׁוֹרָשִׁים אֶל עֶשֶׂר סְפִירוֹת דַּנְּקוּדִים, (וְכֵן בְּמַלְכוּת דַּנְּקוּדִים יֵשׁ עֲשָׂרָה שׁוֹרָשִׁים וְהֵם שׁוֹרָשִׁים דַּעֲשָׂרָה סְפִירוֹת דַּבְּרוּדִים) וְעַל דֶּרֶךְ זֶה בִּשְׁאָר הָעוֹלָמוֹת.
[74]

קוּשְׁיָא, אֵיךְ לֹא מַשְׁאִירָה הַמַּלְכוּת רְשִׁימוּ, הֲרֵי בְּחִינַת הָרְשִׁימוּ הִיא בְּחִינַת הַתַּגִּין, וְכָל סְפִירָה וּסְפִירָה חַיֶּבֶת לִהְיוֹת שְׁלֵמָה בְּכָל ד' בְּחִינוֹת טנת"א, וְלֹא יִתָּכֵן כִּי יֶחְסַר לָהּ בְּחִינַת הַתַּגִּין, צ"ע.
[75]

**ע"ח ש"ו פ"ה מ"ת דכ"ו ע"ד** – וְנַתְחִיל לְבָאֵרָם מִן הַיְסוֹד שֶׁהוּא אַחֲרוֹן מִן הַמַּנִּיחִים רְשִׁימוּ, וְנֹאמַר כִּי בְּעֵת עֲלִיָּתוֹ (נ"א עֲלוֹת) מִן הַיְסוֹד אֶל מְקוֹם הַהוֹד, עַד לְמַעְלָה, **מַנִּיחַ רְשִׁימוּ בַּמָּקוֹם שֶׁהָיָה הַיְסוֹד לְצוֹרֶךְ הַמַּלְכוּת**, וְאוֹתוֹ הָרְשִׁימוּ אֵינוֹ מִסְתַּלֵּק לְעוֹלָם מִשָּׁם, **אֲפִילוּ כַּאֲשֶׁר הַמַּלְכוּת חוֹזֶרֶת וְעוֹלָה לְהַמַּאֲצִיל**, וְכֵן עוֹשִׂין כָּל שְׁאָר הַסְּפִירוֹת, חוּץ מִן הַמַּלְכוּת כַּנַּ"ל.
[76]

**כֶּרֶם שְׁלֹמֹה ש"ו פ"ו אוֹת ד'** – וְאִם תֹּאמַר הָא תְּנִיחַ, שֶׁאֵינָם מַשְׁאִירִים רְשִׁימוּ הוּא אִם תּוֹעַלְתּוֹ לְצוֹרֶךְ הַסְּפִירָה שֶׁלְּמַטָּה מֵהֶם בִּלְבַד. אֲבָל לְמַעְלָה אָמַרְנוּ כִּי הָרְשִׁימוּ **הוּא תּוֹעַלְתּוֹ לְצוֹרֶךְ עַצְמוֹ, וּלְצוֹרֶךְ הַלְּמַטָּה מִמֶּנּוּ.** אִם כֵּן הָכָא נַמִּי הַמַּלְכוּת הָא שֶׁאֵינָהּ מַנַּחַת רְשִׁימוּ, מִפְּנֵי שֶׁאֵין סְפִירָה תַּחְתֶּיהָ לְקַבֵּל מִמֶּנָּה, **אֲבָל לְצוֹרֶךְ הַתּוֹעַלְתָּ שֶׁל עַצְמָהּ אֵיךְ וְלָמָּה אֵינָהּ מַנַּחַת רְשִׁימוּ**, לָזֶה כָּתַב אַחַר כָּךְ - אָמְנָם אוֹר הַמַּלְכוּת אֵינוֹ מַנִּיחַ רְשִׁימוּ בַּכֵּלִי שֶׁלָּהּ, רַק מִן הָרְשִׁימוּ שֶׁמַּשְׁאִיר אוֹר הַיְסוֹד בַּכֵּלִי שֶׁלּוֹ, מִשָּׁם נִמְשָׁךְ הֶאָרָה אֶל כְּלִי שֶׁל הַמַּלְכוּת, אַחַר הִסְתַּלְּקוּת הָאוֹר שֶׁלָּהּ, עַד כָּאן לְשׁוֹנוֹ. וְאֵין הָכִי נַמִּי כִּי וְאִם מִפְּנֵי הַתּוֹעֶלֶת שֶׁל עַצְמָהּ, הִיא מְקַבֶּלֶת מִן הָרְשִׁימוּ שֶׁל הַיְסוֹד, וּבָזֶה מַסְפִּיק לָהּ.
[77]

**בֵּית לֶחֶם יְהוּדָה ש"ו פ"ו** – וְזֶה סִבָּה אַחֶרֶת. נִרְאֶה לִי שֶׁצַּ"ל וְזֶה סִבָּה אַחַת. כְּלוֹמַר סִבָּה אַחַת מִב' סִבּוֹת הָאֲמוּרִים בְּאֶמְצַע פֶּרֶק ה' דִלְעֵיל.

**נֵהְרָא, וְהַטַעַם הוּא** למה המלכות נקראת עניה, ונקראת מראה שלא מאירה **כי הַכְּלִי שֶׁלָה** נשאר אפילו בלי אור הרשימו **בְּהַעֲלוֹתָה וְהִסְתַּלֵּק הָאוֹר** המלכות **בִּמְנָה** למאציל, לכן כלי המלכות מצד עצמו **לֹא נֵהְרָא** מאיר כלום, כי לא נִשְׁאַר בַּה ר"ל בכלי המלכות **שׁוּם אוֹר, אֲפִילוּ בִּבְזֹיעֵנֵת רְשִׁימוּ** דאור המלכות, **וַאֲפִילוּ**[80] זְהְיוֹת הַכְּלִי הַהוּא דמלכות **אֵינוֹ מבַּזְהֵינֵת אוֹר שֶׁלָה** עצמו, אלא חיות כלי המלכות בה מהארה שמקבלת **רַק מִבְּזֹיעֵנֵת הָרְשִׁימוּ שֶׁנִּשְׁאָר בְּכְלִי** יסוד כנזכר לעיל, ומשם מְזַהֵיה וּמֵאִיר הרשימו דיסוד **בַּכְּלִי הַמַּלְכוּת, וְזֶה אוֹמְרוּ דְּלֵית לַה מִגַּרְמָה כְּלוּם** אפילו רשימו אין לכלי המלכות, כל שכן עצמות אור המלכות, אלא כלי המלכות מקבל הארה מהרשימו דאור היסוד הנמצא בכלי היסוד ●

**הִנֵּה**[81] נִתְבָּאֵר לָנוּ עַל יְדֵי בּ' הַקְּדָמוֹת אֵלוּ הָאחת בחינת אור חוזר, והשנית אור הרשימו, **אֵיךְ הַכֵּלִים שֶׁל** אשר **הַסְּפִירוֹת** דעקודים **אַף בְּעֵת חֲזֹרָת אוֹרוֹתֵיהֶן וְהִסְתַּלְקוֹתָם**

---

78

**ע"ח ש"ו פ"ו מ"ה דכ"ז ע"ב** – ונתחיל לפרש הענין, הנה אור המלכות לא השאיר רשימו, וכל בחינתו נסתלקה כולה ועלתה, וזה הטעם שנקראת מלכות אספקלריא שאינה מאירה, דלית לה מגרמה כלום, כי לא השאיר בה שום רושם, אך מן הרשימו שנשאר ביסוד מאיר לבדו אליה. עוד יש טעם אחר אל הנזכר והוא מה שנתבאר לעיל כי כאשר חזרו האורות לירד, נשאר כתר דבוק במאציל ולא ירד כלל. נמצא שהחכמה חזרה למקום הכתר, כו', ומלכות במקום היסוד, ונשאר כלי של המלכות בלתי אור כלל, ולכן נקרא כלי של מלכות אספקלריא דלא נהרא.

79

**ספר הזהר פרשת ויחי דף רמ"ט ע"ב** עם תרגום וביאור – **וכתיב** וכתוב בספר ישעיהו **הַקְּשִׁיבִי לִישָׁה** (לישה היא בת זוגו של הליש, והוא האריה) מפרש למה נקראת המלכות לישה, **בְּגִין דְּאַתְיָא מִסִּטְרָא דְּגְבוּרָה** מפני שהמלכות באה מצד הגבורה, **כְּמָה דְאַתְ אָמֵר** כמו שכתוב בספר משלי, **לַיִשׁ גָּבוֹר בַּבְּהֵמָה, וְהַאי** המלכות נקראת **לִישָׁה**, היא **גְבוֹרָה, לְתַבְרָא חֵילִין וְתוֹקְפִּין** כדי לשבור את הכוחות והחוזק של החיצונים, המקטרגים על בני ישראל, עם כל זאת המלכות נקראת בהמשך הפסוק דספר ישעיהו **עֲנִיָה עֲנָתוּת, בְּגִין דְּאיהִי אַסְפַּקְלַרְיָא דְּלָא נָהַרָא** מפני שהיא כמראה שאינה מאירה מעצמה, **, עֲנִיָה וַדַּאי** לכן היא עניה ודלה, **לֵית לַה נְהוֹרָא** אין לה אור **לְסִיהֲרָא** ללבנה, שהיא המלכות **מִגַּרְמָה** מעצמה, **אֶלָא מַה דִיהֵיב לַה** אלא מה שנותן לה **שִׁמְשָׁא** השמש, שהוא ז"א.

80

**בית לחם יהודה ש"ו פ"ו** – ואפילו חיות הכלי ההוא אינו מבחינת אור שלה. לפי זה מבואר שהכלים צריכים חיות, ועם כל זה לא חש ודאג אור המלכות להניח רשימו לצורך חיות הכלי שלו, ולפי זה מוכרח לומר שעיקר הנחת הרשימו הוא להאיר בתחתון, כחשק האב על הבנים.

81

**כרם שלמה ש"ו פ"ו אות ו'** – הנה נתבאר לנו על ידי ב' הקדמות אלו. פירוש שהם של אור רשימו ושל אור חוזר, ור"ל כי בחזרתן הספירות לעלות למעלה, הנה נמשך להם האור בבחינת אור חוזר, וזהו הקדמה אחת. **והקדמה שנית**, כי כשמסתלקין האורות, אינם מסתלקין לגמרי בכל בחינותיהם, אלא מניחים קצת הארה מעצמותם שנקרא רשימו, ואלו הב' ההקדמות הם נזכרים בריש פירקין, הם כוללים בכל העולמות כולם. והכא נמי בעולם העקודים נתבאר לנו איך הכלים של העקודים, בעת חזרתן אורותיהן והסתלקותם אל המאציל, היה בהם שני מיני אורות, אחד הנקרא אור חוזר והוא דין בא להם בעת חזרת אורותיהם, ולזה נקרא אור חוזר, כמו שכתוב בפרק ה'. הב' הוא אור הנשאר בכלי הנקרא רשימו, אשר הוא אור ישר, והוא רחמים. ואם תאמר איך הוא רחמים, לזה אמר כי הרי הוא נשאר שם מבחינת האורות אשר יצאו למטה בבחינת אור ישר. פירוש,

ועלייתם **אל המאציל, עם כל זה יש בהם ב' מיני אורות, אזזד הנקרא אור חוזר**[82] והוא האור היורד מהמאציל דרך אחורי הספירות להאיר לתחתונים[83], כאשר הספירות מסתלקות למעלה, **ואור זה הוא** בחינת **דין** והוא בחינת הנקודות[84] דטנת"א. **והאור השני הוא אור הנשאר בכלי** של כל אחד מהתשע הספירות העליונות, חוץ מכלי המלכות, ואור זה הוא **הנקרא רשימו** נשאר בכלים אחרי הסתלקות ועליית האורות למאציל, והוא נשאר כדי להאיר ולהחיות את הכלי שלו, ואת הספירה שתחתיו, **אשר** אור הרשימו **הוא אור ישר** התגין דטנת"א, **והוא רוזמים**. והסיבה שהרשימו נקרא אור ישר

---

האור הראשון שיצא בראשונה, שממנו נעשו עולם העקודים, אשר הוא נקרא טעמים, אשר הוא בא בעת שהאורות באים מלמעלה למטה, וזה הוא בבחינת יושר, ולא בזמן שהאורות עולים ממטה למעלה, כי זהו נקרא אור חוזר, והנשאר מן האורות האלו הראשונים, ואף על פי שהעיקרים הם עולים ומסתלקין למעלה, והנשאר הוא מבחינתם הוא, על כל פנים עדיין הוא נקרא אור ישר, הואיל ועיקרו בא ביושר ולא נסתלק עדיין, ולזה עדיין נקרא אור ישר, ופשוט.
82

**ע"ח ש"ו פ"ה מ"ת דכ"ז ע"א** – והאור הבא בדרך חזרה למעלה, הוא אור חוזר, והוא דין.
83

**ע"ח ש"ו פ"ז מ"ב דכ"ח ע"ד** – וצריך עתה לבאר מה הארה היתה נמשכת אל האורות התחתונים. בעת עליית אורות העליונים מהם, כמו שהתחלנו לבאר למעלה עניין זה. וכדי לבאר ענין זה יתבאר לך **כלל גדול** שיצטרך לך בכל שאר מקומות, והוא עניין אור ישר ואור חוזר, מתתא לעילא, כנזכר בתיקונים ובזהר במקומות רבים. דע כי אין ספק כי לעולם השגחת השפעת המאציל בנאצלים, אינה נפסקת אפילו רגע אחד, ואף גם בהיות פגם בתחתונים, שאז )נ"א נמצא ניצוצי( האורות העליונים מחזירין פניהם מן התחתונים, ומסתלקין מהם ועולין למעלה, עם כל זה השגחת הארה עליונה המוכרחת להחיות התחתונים די ספוקם, אינה נפסקת כלל, כמו שמבואר על פסוק - כי רגע באפו חיים ברצונו. ובודאי הוא שלא תהיה הארה זו הנמשכת מן המאציל המאיר בתחתונים, בעת הסתלקות האורות למעלה, דומה אל הארה הנמשכת בתחתונים בעת ירידת אורות העליונים למטה, להאיר בתחתונים. ונמצא עתה ב' בחינות אורות נמשכין מן המאציל לתחתונים, אחד הוא בעת ירידת האורות למטה. והשני הוא בעת הסתלקות האורות למעלה, זאת דרך עליה, וזאת דרך ירידה. ואמנם )נ"א כשרצון בעליונים( כאשר יש רצון, ויש כח בתחתונים ושלימות לקבל אור העליון של המאציל, אז האורות העליונים חשקם וחפצם להאיר בתחתונים למטה, ועל ידי כך הופכים פניהם למטה להמקבלים, לירד להאיר בהם דרך פנים, בפנים מאירים. ואמנם כשאין שלימות בתחתונים, והאורות מסתלקים הם הופכים )נ"א והופכים( פנים אל המאציל, אשר כוונתן לעלות שם, ומחזירין את אחוריהן נגד המקבלים התחתונים, **ואז אותו הארה שמאירה בתחתונים בעת ההיא, באה דרך אחוריהם.** ומאחוריהם מקבלים התחתונים הארה המוכרחת להם, כדי חיותם ולא יותר. והנה האור הנמשך דרך ירידה הוא אור ישר ורחמים ונק' אור פנים. ואור החוזר דרך עליה נק' אור חוזר ואור אחור ודין. והנה ב' בחינות אלו נמצאים בכל העשר ספירות, אמנם יש חילוק ביניהן בבחינת אור חוזר, והוא זה כי הנה כאשר אור הכתר מסתלק ועולה. והופך פניו למעלה כנגד המאציל, ואחוריו למטה כנגד החכמה, הנה אז החכמה מקבלת **אור חוזר ההוא הנמשך מן המאציל**, על ידי אחור אחד לבד, שהיא אחור הכתר. אמנם בעלות החכמה גם היא אל המאציל, וגם היא תתהפך אז אחוריה למטה אל הבינה, אז מקבלת הבינה אור החוזר הנמשך מהמאציל דרך ב' אחוריים, שהם אחור הכתר, ואחור החכמה. וכן על דרך זה בכל הספירות, עד שנמצא כי המלכות תקבל אור הנמשך לה מן המאציל דרך ט' אחוריים.
84

**ע"ח ש"ו פ"ה מ"ת דכ"ז ע"ב** - והרי הוא ד' בחינות אור, והם סוד ד' בחינות טנת"א כנ"ל, שהיו כולם נכללין כאן בענין העקודים. וזה פרטן אור ראשון טעמים, כי הנקודות הם לעולם דין. ואור רשימו תגין, ואור של ניצוצין הנופלין על ידי הכאות האורות זה בזה כנ"ל, הוא אותיות, אשר מהם נעשה בחינת הכלים.

היא **כי הרי** (נ"א **גם**) **הוא נשאר שם** בכלים **מבזיונת האורות אשר יצאו** מפה
דא"ק **למטה** עד הטבור **בבזיונת אור ישר** שהם בחינת הטעמים דטנת"א.

**ונמצא כי בעולם הזה של העקודים, אף על פי שעדיין בעת הזאת** של סילוק
הראשון של האורות **לא**[85] **נגמרה מלאכת הכלים** מפני שיש מספר שלבים הצריכים לגמר עשית
הכלים דעקודים[86], **עם כל זה** בזיונותיהן ומציאותן שמהם נתהוו (נ"א **נתהווה**)
הכלים, **שהוא אור העב** והגס (נ"א **שהיא כלי מזוובר עם אור**) **המזווובר עם
האור הזך** כנ"ל **במקומו**[87] כי בצאת האורות מפה דא"ק **כבר היה שם** האור העב והגס מחובר
עם האור הזך. **ובבזיונת האור הזך למעלה** למאציל **נשאר האור העב** והגס **למטה** לבדו
מפה דא"ק עד טבורו, **שהוא** ר"ל האור העב והגס **בזיונת הכלים עצמן** והוא[88] ו"ק בערך האור הזך

---

<sup>85</sup>

**כרם שלמה ש"ו פ"ו אות ז'** – מה שכתב לא נגמרה מלאכת הכלים, ר"ל בתחלת יציאתם, קודם שחזרו
האורות הזכים למעלה, עם כל זה בחינת מציאות הדבר שממנו נעשו הכלים הוא מצוי כאן, והוא חלק האור
העב שהיה כלול עם האור הזך של העקודים, שזה האור העב עצמו אחר הסתלקות האור הזך מהם, והתרחקו
מהם, אז נגשמים ונעשים בחינת כלים, וזה מה שכתב אחר כך - ובחזרת האור הזך למעלה נשאר האור העב
למטה, שהוא בחינת הכלים עצמן, ושם בזה האור העב, שם הניחו האורות הזכים ב' בחינות. רוצה לומר מה
שאמרנו שנשאר רשימו בתוך הכלים בעת הסתלקותן של האורות, והיה יורד להם בחינת אור אחד הנקרא אור
חוזר.

<sup>86</sup>

אופן עשיית וגמר הכלים דעקודים נעשית במספר שלבים, ובמספר דרכים, והם:
**א** - בטישת והכאת אור פנימי באור מקיף זה בזה, פרק א' דשער העקודים.
**ב** - יצאו מחוץ לפה דא"ק וקנו עביות, פרק ג' דשער העקודים.
**ג** - חזרת האורות למאציל, ונתרחק האור ממקומו ג' ספירות שלימים, פרק ג' דשער מטי ולא מטי.
**ד** – נפילת הניצוצות מהכאת האור הבא בדרך אחוריים באור הרשימו, פרק ה' דשער העקודים.
**ה** - עליית כל עצמות האורות דעקודים לפה דא"ק, פרק א' דשער מטי ולא מטי.
**ו** - נשאר הכתר בתוך הפה דא"ק ולא יצא בפעם השניה מפה דא"ק, פרק ג' דשער העקודים.
**ז** - אור הפנימי דעקודים נכנס ויוצא מהכלים בסוד מטי ולא מטי, שער מטי ולא מטי.

<sup>87</sup>

**ע"ח ש"ו פ"ג מ"ת דכ"ה ע"ג** – דע כי בעת שיצאו, לא יצאו שלימים וכמו שנכתוב בע"ה, וטעם הדבר הוא
כי כוונת המאציל היה לעשות עתה התחלת הויות הכלים, (נ"א בתחלה הויות הכלי) להלביש האור לצורך
המקבלים, שיוכלו לקבל. ולכן בהיות שיצאו בלתי שלימים וגמורים, חזרו לעלות לשורשן להתתקן ולהשתלם,
ועל ידי כך נעשה כלי כמו שנבאר. **והענין הוא כי בודאי שבחינת הכלים היה בכח, אף כי לא היה בפועל
בתוך האור, כי היה בבחינת האור היותר עב וגס, רק שהיה בו מחובר בעצם היטב, ולכן לא נגלה בחינתו,
כי** (נ"א אבל) כאשר יצא האור דרך הפה ולחוץ, **יצא הכל מעורב יחד**, וכשחזרו לעלות ולהשתלם כנ"ל, אז
ודאי על ידי יציאת האור חוץ לפה, **הנה אותו אור בחינת הכלים שהוא יותר עב, קנה עתה עביות יותר**, ועל
ידי כך לא יוכל לחזור גם הוא למקורו כבראשונה, ונתפשט האור הזך ממנו ועלה למקורו כנ"ל, **ואז נתוסף
באור עב כנ"ל עביות יותר על עוביו, ואז נגמר ונשאר בחינת כלי.**

<sup>88</sup>

גם הכלים הם בעצם אורות, רק בערך האור הזך והפנימי שבהם הם נקראים כלים, ואיכות הכלים הם ו"ק
בערך האורות שנקראים ג"ר.
**תרשים ו – ה.**

הנקרא ג"ר, **ושם בזה האור העב** והגם **שהוא** בחינת **הכלים, שם הנזוזו האורות הזכים** כאשר נסתלקו ועלו למאציל ב' **בזזינות** של אורות **(נ"א ושם הנזוזו האורות מהם) הנ"ל, אור אזוז** הוא אור שנשאר מעל הכלים, והוא בא מבחינת **אור ישר** שממנו נעשה **הרשימו** כאשר נסתלק האור הישר למעלה למאציל, והרשימו הוא בחינת התגין דטנת"א, **והשני אור זזור** הבא מהמאציל דרך אחורי הספירות, ומאיר לספירות התחתונות, והאור החוזר הוא בחינת הנקודות דטנת"א.

**וכבר**[89] **ביארנו במקום אזור** כי האורות שיצאו מפה דא"ק בהתפשטות הראשונה, היו צריכים לחזור לפה דא"ק כדי להשתלם[90]. כי בצאת המלכות[91], היא יצאה בבחינת נפש דיליה, הנקראת נפש דנפש. ובצאת כללות ז"א[92], הוא יצא בבחינת נפש דיליה, הנקרא נפש דרוח, ובצאתו נתוסף למלכות בחינת רוח, הנקרא רוח דנפש. וכן בצאת הבינה[93], היא יצאה בבחינת נפש, הנקרא נפש דנשמה, ונתוסף למלכות בחינת נשמה, הנקראת נשמה דנפש, ולז"א נתוסף רוח, הנקרא רוח דרוח. וכאשר יצאה החכמה[94], יצאה בבחינת נפש, הנקרא נפש דחיה, ונתוסף בחינת חיה, הנקרא חיה דנפש, ולז"א נתוסף נשמה, הנקרא נשמה דרוח, ולבינה בחינת רוח, הנקרא רוח דנשמה. ואחרון היוצאים מפה דא"ק הוא כתר[95] דעקודים, וכשיצא הוא יצא בבחינת נפש, הנקרא נפש דיחידה, וכשיצא המלכות את בחינת היחידה, הנקראת יחידה דנפש, וז"א את בחינת החיה, הנקרא חיה דרוח, והבינה קיבלה את בחינת הנשמה,

---

**נהר שלום די"ג ע"ב** – גם הו"ק דכל פרט נקרא חיצוניות בערך הג"ר, והכל ענין אחד, **כי הו"ק נקראים כלים**, כי הכלים דכל העשר ספירות הם מן הו"ק, שנחלקין לתרין תרין פרקין, להיות כלים לכל העשר ספירות כנודע. **וכל אורות הם מן הג"ר**, שמתפשטים ומתלבשים בכל העשר ספירות, שהם אותם התרין תרין פרקין, וגם אחר ההתחלקות וההתפשטות הנזכר, לא נשתנו האורות והכלים ממכו שהיו, **כי התרין פרקין דכל כלי מן הו"ק, שנעשו כלי לכל פרט, אינם אלא בחינה ו"ק לאותו הפרט, והאור שהוא פרק א' מן הג"ר, הוא הג"ר דאותו הפרט**. וכן על דרך זה הולכים ומתחלקים ונפרטים הכלים והאורות הנזכרים לאין קץ, ואינם משתנים כלל ממכו שהיו, אלא שבזה עולים ומתבררים יותר, ומזככים יותר.
89

**כרם שלמה ש"ו פ"ו אות ח'** – בא עכשיו לפרש כי ההוספה המפורשת במקום אחר, שהוא לעיל בפרק ג', הוא בעת שמגיעים הספירות למקום חפצם, ולא בזמן עלייתם, כשהם בדרך קודם שיגיעו למקום העליה נמשך להם גרעון אורות, והוא מה שקנו כבר נחסר מהם, וזהו עיקר תכלית כוונתו מה שבא כאן לפרש. ועל זה האריך בכאן, והתחיל לפרש מראש העלייה של בחינת ההוספה. ולזה כתב - כי בהעלות האורות הכתר למעלה ניתוסף בהם איזה בחינה, והתחיל מן הכתר ואילך, ופשוט. אבל לא עיקר ביאתו של הרב ז"ל בא לפרש סדר הוספה בעלייתם להמאציל, ועל כל פנים נפרש אותם בקיצור בע"ה.
90

**ע"ח ש"ו פ"ו ג מ"ת דכ"ו ע"ב** – ואמנם בבוא כתר, נמצא המלכות שלימה מכל ה' אורות פנימיים, שהם נרנח"י, ועתה היו חסרים עדיין כל הספירות כנ"ל **שיצאו חסרים בלי תשלומין**, והיה זה ממש בכוונה גמורה כנ"ל, ולכן הוצרכו לחזור ולעלות אל המאציל, **לקבל ממנו תשלומיהן**.
91

**תרשים ו – ו.**
92

**תרשים ו – ז.**
93

**תרשים ו – ח.**
94

**תרשים ו – ט.**
95

**תרשים ו – י.**

הנקראת נשמה דנשמה, והחכמה קיבלה את בחינת הרוח, הנקרא רוח דחיה, **כי**[96] **בהעלות האורות** בנסיעה הראשונה **למעלה** במאציל **נ'תוסף**[97] **בהם** בכל אחד ואחד מהספירות **איזה בזוינה** שהיתה חסירה מהם**,** כי כאשר יצא הכתר מפה דא"ק היתה המלכות שלמה בכל הנרנח"י אורות פנימים, וחסרים לה מקיפי חיה ויחידה. לז"א היו נרנ"ח פנימים, וחסר יחידה פנימית, ומקיפי חיה ויחידה. לבינה היו נר"ן פנימים, וחסרה חיה ויחידה פנימיים, וב' מקיפין. לחכמה היו נפש ורוח, וחסרה נח"י פנימיים, וב' מקיפין. ולכתר היה נפש פנימית, וחסר רנח"י פנימיים, וב' מקיפין. כאשר חזרו האורות דעקודים למאציל להשתלם, הסתלקו ועלו האורות אחד אחרי השני, כאשר[98] הכתר שיצא אחרון, חזר ראשון, והמלכות שיצאה ראשונה חזרה אחרונה, ולכן **ב**סיום **עלות אור הכתר במאציל**, אור המלכות דעקודים עלה למקום היסוד מעיקרא, והתקרב אור המלכות למאציל מדרגה אחת, ואז **נ'תוסף באור המלכות אור מקיף אור ההתזוזתון**[99], **שהיא** צ"ל שהוא מקיף **בזוינת** דזיה. גם האורות דשש הספירות דז"א עלו כל אחד מדרגה, כאשר אור החסד עלה למקום הבינה, ואור הגבורה למקום החסד, אור התפארת למקום הגבורה, אור הנצח למקום התפארת, אור ההוד למקום הנצח, ואור היסוד למקום ההוד. כך גם ז"א התקרב מדרגה אחת אל המאציל, **ונ'תוסף באור הז"א גם כן בזוינת אור אזוד יותר על מה שהיה לו בתזוילה**, כי **טרם זוזרת עליית האורות** למאציל, היה לז"א בחינת נרנ"ח פנימים, **ו**עתה בעליית הכתר למאציל, ובהתקרבות ז"א למאציל מדרגה אחת **הוא** קיבל את אור **היזוידה הפנימית.** וכן הוא **באור בינה** שעלה למקום החכמה מעיקרא, כאשר הכתר נעלם במאציל, התקרבה הבינה מדרגה אחת למאציל **נ'תוסף** לה בחינת הזוידה הפנימית, ו**גם באור זוכמה** שעלה למקום הכתר מעיקרא, והתקרב מדרגה אחת יותר קרוב למאציל **נ'תוסף** לו בחינת **נשׁמה** פנימית. אחרי שאור הכתר עלה ונעלם

---

96

**כרם שלמה ש"ו פ"ו אות ח'** – מה שכתוב כי בעלות האורות למעלה, פירוש **במאציל** נתוסף בהם איזה בחינה, פירוש כי מקודם זה לו היו שלמים כל אחד בחמש בחינות נרנח"י פנימיים וב' מקיפים כנהוג. אלא הכתר היו בו בחינת נפש לבד, והחכמה היו בה בחינת רוח ונפש, וכו', עד המלכות שהיו בה נרנח"י פנימיים, ולא מקיפים. ובהעלותם אל המאציל, הם משתלמים כל אחד החמשה בחינות נרנח"י וב' מקיפים.

97

**ע"ח ש"ו פ"ג מ"ת דכ"ו ע"ב** – והנה בהתעלם הכתר במקומו )נ"א אל מקורו(, עלתה החכמה במקום הכתר, ובינה במקום חכמה, וכן על דרך זה כולם, עד שנמצא המלכות במקום היסוד, ועל ידי עליה זו במקום היסוד, **ניתוסף בה האור והיה לה בחינת מקיף אחד**, אשר כנגד בחינת חיה הפנימי. גם ז"א עלה במדרגה אחת, **וניתוסף בו בחינת יחידה** מן אורות פנימים, ועתה נשלם לו ה' אורות פנימים. ובינה **ניתוסף בה בחינת חיה הפנימי. וחכמה ניתוסף בה בחינת נשמה הפנימי**. ואחר כך עלתה החכמה במאציל, ועלתה בינה במקום הכתר, **וניתוסף בה בחינת יחידה הפנימי**, ונשלמה בכל אורות ה' פנימים. **וז"א ניתוסף בו מקיף אחד נגד חיה הפנימי. ומלכות נתוסף בה מקיף יותר עליון, אשר כנגד יחידה הפנימי**. ואחר כך עלה חסד במקום כתר, כי בינה עלתה במאציל, **ואז ניתוסף בז"א גם בחינת מקיף ב' עליון, שכנגד יחידה הפנימי**, ומשם ואילך לא הרויחו ז"א ומלכות, ולא ניתוסף בהם עוד תוספת אור.

98

**ע"ח ש"ו פ"ג מ"ת דכ"ו ע"ב** – ואמנם עתה בחזרה היה הכתר חוזר בתחלת כולם, נמצא שיצא אחרון, ונכנס ראשון. והמלכות היה להיפך, כי יצאה ראשונה, ונכנסה אחרונה. וזה סוד הפסוק אני ראשון ואני אחרון, וביאור זה הפירוש יצדק בין בספירת הכתר, בין בספירת המלכות, אלא שזה היפך זה, והוא כמו שנודע כי אנ"י הוא כינוי אל המלכות, ובהפוכו אי"ן כנוי אל הכתר.

99

**תרשים ו – י"א.**

במאציל, **אזור כך עלתה** גם **אור הֹזֹחכמה**[100] שהיה במקום הכתר **במאציל, וזֹזֹזרו אורות**
של **שֹׁאר הֹסֹפירות שֹׁתֹזֹזֹתיה** ר"ל שתחת אור החכמה, **לֹנֹסוֹע**[101] **נֹסיעֹה שֹׁנֹיה** ולעלות כל
אחד מדרגה נוספת, **עֹד שֹׁנֹמֹצֹא** שֹׁהאור שֹׁל הֹבֹינה שהיה עומד במקום החכמה מעיקרא, עלה ועמד
**במֹקום כֹתר** מעיקרא. והאורות דשש ספירות דז"א עלו כל אחד מדרגה, כאשר אור החסד שהיה בכלי הבינה
עלה למקום כלי דחכמה, אור הגבורה למקום הבינה, אור התפארת למקום החסד, אור הנצח למקום הגבורה, אור ההוד
למקום התפארת, אור היסוד למקום הנצח, **ואור הֹמֹלכות** עלה **בֹמֹקום הוד.**

**וֹעֹתה** ועליית אור החכמה במאציל, ועליית כל אחד מאור הספירות דעקודים מדרגה אחת **נֹיתוסף בֹאור**
**הֹמֹלכות** בחינת **מֹקֹיף עֹלֹיון שֹׁל יֹזֹידֹה**, ועתה המלכות שלימה בנרנח"י פנימיים, ובמקיפי חיה
ויחידה. **ובֹאור זֹ"א** נתוסף בחינת **מֹקֹיף תֹזֹתֹון שֹׁל זֹזֹיה**, ועתה ז"א שלם בנרנח"י פנימיים ומקיף
דחיה, וחסר מקיף דיחידה. **ובֹאור בֹינה** נתוסף בחינת **יֹזֹידֹה הֹפֹנֹימֹית**, ועתה הבינה בעלת נרנ"חי
פנימיים, וחסירה ב' מקיפים, **וֹעֹתה הֹמֹלכות** בעלת נרנח"י פנימיים וב' מקיפין, **וֹכֹבר נֹשֹׁלֹמה בֹכל**
**בֹזֹזֹיֹנֹוֹתֹיה** כי מעולם העקודים[102] ולמטה אין יותר מנרנ"י פנימיים וב' מקיפין.

---

<sup></sup>

**100**

**תרשים ו – י"ב.**
**ע"ח ש"ו פ"ג מ"ת דכ"ו ע"ב** – ואחר כך עלתה החכמה במאציל, ועלתה בינה במקום הכתר, וניתוסף בה
בחינת יחידה הפנימי, ונשלמה בכל אורות ה' פנימים. וז"א ניתוסף בו מקיף אחד נגד חיה הפנימי. ומלכות
נתוסף בה מקיף יותר עליון, אשר כנגד יחידה הפנימי.
**101**

בחינת נסיעה היא עלייה או ירידת האורות ממקום אחד לשני. הרב ז"ל משתמש בביטוי זה בעיקר בשער
הכוונות.
**שער הכוונות, דרושי תפילת העמידה, דרוש ב', וקונה הכל** – ואחר כך נסעו נסיעה שנית במקומם, במלת
הגדול הגבור והנורא כנזכר, והטעם הוא לפי שהגרון הוא מקום צר מאד, והראש הוא רחב. ואין כח אל
המוחין לירד דרך הגרון שהוא מקום צר בפעם אחת, ולכן בתחלה נוסעים נסיעה אחת עד הגרון בלבד,
ומתעכבים שם לסיבת היותו מקום צר, ואחר כך על ידי מעשינו באומרנו הגדול הגבור והנורא, נוסעים
ויורדים למטה יותר.
**במדבר י' ל"ה** – ויהי **בנסע** הארן ויאמר משה קומה הוי"ה ויפצו איביך וינסו משנאיך מפניך.
**במדבר ל"ג א' עד י'** – אלה מסעי בני ישראל אשר יצאו מארץ מצרים לצבאתם ביד משה ואהרן. ויכתב
משה את מוצאיהם למסעיהם על פי הוי"ה ואלה מסעיהם למוצאיהם. **ויסעו** מרעמסס בחדש הראשון בחמשה
עשר יום לחדש הראשון ממחרת הפסח יצאו בני ישראל ביד רמה לעיני כל מצרים. ומצרים מקברים את אשר
הכה הוי"ה בהם כל בכור ובאלהיהם עשה הוי"ה שפטים. **ויסעו** בני ישראל מרעמסס **ויחנו** בסכת. **ויסעו**
מסכת **ויחנו** באתם אשר בקצה המדבר. **ויסעו** מאתם וישב על פי החירת אשר על פני בעל צפון **ויחנו** לפני
מגדל. **ויסעו** מפני החירת ויעברו בתוך הים המדברה וילכו דרך שלשת ימים במדבר אתם **ויחנו** במרה. **ויסעו**
ממרה ויבאו אילמה ובאילם שתים עשרה עינת מים ושבעים תמרים **ויחנו** שם. **ויסעו** מאילם **ויחנו** על ים
סוף.................
**102**

**ע"ח ש"ו פ"ב מ"ב דכ"ה ע"ב** – ודע כי העולמות העליונים. כל מה שהם יותר תחתונים במדרגה זה מזה,
הם יותר מחוסרי השלימות זה מזה, לכן תמצא עד עולם העקודים היו ה' בחינת אורות פנימיים ומקיפים
נגלים. אלא שהשינוים ביניהם הוא, כי באלו היו מתקרבים המקיפים עם הפנימים, ובאלו יותר מתרחקים.

**בנסיעה הראשונה** עלה אור הכתר במאציל, אור החכמה עלה במקום הכתר, אור הבינה עלה במקום החכמה, וכן כל ספירה וספירה עלתה מדרגה, בעלייה זאת כל ספירה קיבלה תוספת אורות, כאשר החכמה קיבלה את בחינת הנשמה הפנימית דליה, הבינה את בחינת החיה הפנימית, ז"א את בחינת היחידה הפנימית, והמלכות קיבלה דחיה.

**בנסיעה השניה** עלה אור הכתר במאציל, ואור הבינה במקום הכתר, וכן כל ספירה וספירה עלתה מדרגה, גם בעלייה זאת כל ספירה קיבלה תוספת אורות, כאשר הבינה קיבלה את בחינת היחידה הפנימית, ז"א קיבל את בחינת מקיף דחיה, והמלכות קיבלה את בחינת המקיף דיחידה.

**וְאַזֹר** [103] **כך** בנסיעה השלישית **אור הַבִּינָה** [104] גם **עָלְתָה** ]דכ"ח ע"ג 56[ **בְּמַאֲצִיל, וְאֹו** [105] **עָלָה אור הַחֶסֶד דֹז"א בִּמְקֹום כֶתֶר** מעיקרא, ואור הגבורה במקום החכמה, אור התפארת במקום הבינה, אור הנצח במקום החסד, אור ההוד במקום הגבורה, אור היסוד במקום התפארת, **וְאֹור הַמַּלְכּוּת** עמד **בִּמְקֹום נֶצֹז**, ואפילו [106] שרק אור החסד עלה במקום הכתר, עם כל זה **אֹו נִיתֹוסֵף בֹז"א לְבַדֹו** לאפוקי המלכות **אֹור מַקִיף הָעֶלְיֹון שֶׁל** בחינת הַיֹזֹידָה, **וְעַתָה כְבָר נִשְׁלַם גָם הוּא בְּכֹל הַבֹזֹיֹנֹות** של נרנח"י פנימים ומקיפי חיה ויחידה, ובמלכות לא ניתוסף שום אור נוסף, כי מעולם העקודים ולמטה, אי אפשר להיות יותר מנרנח"י פנימים וב' מקיפי חיה ויחידה.◆

---

**ואמנם מעולם העקודים ולמטה עד סוף העולמות,** היה חסרון אחד שלא נתגלה להם )נ"א בהם( בכל פרטיהם, יותר מחמש אורות פנימיים, וב' מקיפים, שהם מקיף ליחידה, ומקיף לחיה, אך לשאר הג' פנימית יש להם בחינת מקיפים מבחינת נר"ן, רק מבחינת יחידה וחיה, אשר מקיף כולם ולא מפאת עצמן. אמנם יש בהם שינוים וגירעונות עוד אחרות, כפי סדר הפרצופים והעולם, אך הכלל שבהם כי אי אפשר להיות פחות )נ"א יותר( מחמש פנימים וב' מקיפים עליונים.
103

**כרם שלמה ש"ו פ"ו אות ח'** – כן מה שכתב, ואחר כך אור הבינה עלתה במאציל, ואז עלה אור החסד דז"א במקום הכתר, ואור מלכות במקום נצח. ר"ל כי הז"א הוא ו"ק, והקצה הראשון שלו, שהוא החסד לבדו, נתעלה בכתר. וכן הגבורה שלו בחכמה, והתפארת בבינה, והנצח במקום החסד, וההוד במקום הגבורה, והיסוד במקום בתפארת, וממילא המלכות במקום נצח.
104

**תרשים ו – י"ג.**

**ע"ח ש"ו פ"ג מ"ת דכ"ו ע"ב** – ואחר כך עלה חסד במקום כתר, כי בינה עלתה במאצילה, ואז ניתוסף בז"א גם בחינת מקיף ב' עליון, שכנגד יחידה הפנימי, ומשם ואילך לא הרויחו ז"א ומלכות, ולא ניתוסף בהם עוד תוספת אור.
105

**בית לחם יהודה ש"ו פ"ו** – ואז עלה אור החסד דז"א במקום כתר, ואור המלכות במקום נצח, ואז נתוסף בז"א לבדו אור מקיף עליון של יחידה. כי אף על פי שלא עלו כל הו"ק דז"א במקום כתר, כי אם החסד בלבד, עם כל זה נתוסף בז"א מקיף דיחידה, לפי שנתקרב מדרגה אחת אל המאציל, כמו שכתוב בסמוך.
106

**כרם שלמה ש"ו פ"ו אות ח'** – ומה שכתב ואז ניתוסף בז"א לבדו אור מקיף עליון של יחידה. אף על פי שלא נתעלו כל הו"ק דז"א במקום אחד, אלא כל אחד במקום הראוי לו, החסד בכתר, הגבורה בחכמה, וכו', על כל פנים לכל בהם בחינת יחידה, שהוא אור מקיף עליון של בחינת הכתר.

**וּמִכַּאן**[107] **וְאֵילָךְ בַּעֲלוֹת שְׁאָר אוֹרוֹת הַתַּחְתּוֹנִים** נסיעה אחרי נסיעה, כאשר אור החסד עולה במאציל, ואחריו אור הגבורה, וכו', עד שאחרון העולים הוא אור המלכות, **עם כל זה לֹא הָיְתָה עוֹד תּוֹסֶפֶת** אורות **לֹז"א, וְלֹא לְנוּקְבָא** תוספת אורות אפילו שכל עליה ועלייה הם מתקרבים יותר ויותר למאציל, ומזדככים זכוך אחר זיכוך, זו"ן לא מקבלים אורות חדשים **כִּי כְּבָר נִשְׁלְמוּ** ז"א והמלכות כל אחד בנרנח"י פנימיים ומקיפי חיה ויחידה **כַּנִּזְכַּר לְעֵיל**, כי כבר נתבאר[108] **כִּי מֵעוֹלָם הָעֲקוּדִים וְאֵילָךְ לֹא יָצְאוּ רַק** נרנח"י פנימיים וב' **מַקִּיפִים עֶלְיוֹנִים לְבַד, שֶׁהֵם מַקִּיף** תחתון **שֶׁל חַיָּה, וּמַקִּיף** עליון **שֶׁל יְחִידָה** כי זה הוא תכלית השלמות של כל שיעור קומה מעולם העקודים ולמטה.

**וְדַע**[109] **כִּי זֶה שֶׁאָמַרְנוּ כִּי בַּחֲזֹרֶת כָּל אוֹר וָאוֹר לְהִתְעַלּוֹת** ולהשתלם **בַּמַּאֲצִיל**, וכאשר היה היה האור בתוך הפה דא"ק **הָיָה נִיתּוֹסֵף**[110] **הָאָרָה** נוספת ושלימות גמור באורות

---

107

**כרם שלמה ש"ו פ"ו אות ח'** – וזה מה שכתב אחר כך, ומכן ואילך בעלות שאר אורות התחתונים לא היתה עוד תוספת לז"א, ולא לנוקבא, כי כבר נשלמו כנ"ל. פירוש אף על פי שאחר כך הז"א והמלכות כולם עולים עד הכתר, ועד המאציל גם כן, על כל פנים לא ניתוסף בהם יותר מן הב' מקיפים, והטעם הוא כנ"ל בפרק ג', וזהו מה שכתב אחר כך כי מעולם העקודים ואילך לא יצאו רק ב' מקיפים עליונים לבד, שהם מקיף חיה ומקיף של יחידה. וכבר כתבנו לעיל, אף על פי שמשמע מהכא כי מכאן ואילך לא ניתוסף בזו"ן יותר מן הב' המקיפין, אף על פי שעולים במדרגות יותר עליונות. אבל על כל פנים אלו האורות שיש להם עכשיו, שהם החמש פנימיים והב' מקיפים מזדככים יותר, ומקבלים הארה זכה יותר מן הזכוך שהם בו עכשיו, ופשוט.

108

**ע"ח ש"ו פ"ג מ"ת דכ"ו ע"ב** – והענין הוא בהקדמה אחת שצריך שתדע, והוא כי הרי נתבאר לעיל כי בכל בחינה ובחינה, מכל עולם ועולם, ובכל פרצוף, יש בו עשר ספירות לא פחות ולא יותר, והם אור פנימי עשרה, ומקיף עשרה. אמנם עשר פנימים נכללין בחמש לבד, שהם כנגד החמשה בחינות פרצופים שיש להם, כנזכר במקום אחר, והם א"א, ואו"א. וזו"ן, והם עצמן נקרא נרנח"י של כל עולם ועולם לבדו. וכן על דרך זה במקיף שהם עשר ונכללין בחמש )נ"א ובהם נכללין( כנ"ל. אמנם דע כי בכל האורות והעולמות והפרצופים שיש מן החוטם של א"ק ולמעלה, בכל פרצוף יש תמיד כל הבחינות האלו שלימות, שהם חמש אור פנימי הכלולים מעשר כלולים מעשר ספירות פרטיות כנ"ל. וחמש מקיפים הכלולים מן עשר ספירות פרטיות כנ"ל. **אַךְ מִפֶּה דא"ק וּלְמַטָּה, עַד סוֹף כָּל הָעוֹלָמוֹת, לֹא יֵשׁ רַק חָמֵשׁ אוֹר פְּנִימִי, וּב' מַקִּיפִים הָעֶלְיוֹנִים,** שהם כנגד יחידה וחיה, **וְלֹא עוֹד.** כי האור נתמעט משם ולהלאה, לכן בעולם )נ"א העקודים( הזה, שהם אורות היוצאין מפה דא"ק ולחוץ, לא היה בו רק חמש אורות פנימים, וב' אורות מקיפין, ואין עוד, **וּזְכוֹר הַקְדָּמָה זוֹ.**

109

**כרם שלמה ש"ו פ"ו אות ט'** – ודע זה שאמרנו וכו'. פירוש, כי לעיל אמרנו כי בעלות הכתר להמאציל, היה ניתוסף בהמלכות מקיף תחתון דחיה, ובז"א היה ניתוסף בחינת יחידה פנימית וכו'. וכן בעלות החכמה ניתוסף בהמלכות בחינת מקיף עליון, ובז"א היה ניתוסף בחינת מקיף תחתון, וכו'. **אַל תַּחְשׁוֹב כִּי זֹאת הַתּוֹסֶפֶת הָיְתָה בָּאָה לָהֶם מִן הַמַּאֲצִיל,** תיכף **בְּהַתְחָלַת עֲלִיַּת וַחֲזָרַת הָאוֹר הָעֶלְיוֹן, וַחֲזָרָתוֹ לְהַמַּאֲצִיל.** וזהו מה שכתב **בִּהְיוֹתָן עוֹלִין וּמִסְתַּלְּקִין.** כי אדרבא אז באותו זמן היו הספירות נחסרים, **כִּי הָיָה נִמְשָׁךְ לָהֶם חִסָּרוֹן עַל יְדֵי עֲלִיַּת וַחֲזָרַת הָאוֹרוֹת הָאֵלּוּ לְהַמַּאֲצִיל.** והחסרון הוא מפורש לעיל, דהיינו האורות הניתוספו להם על ידי ביאת האור הזה העולה והחוזר עכשיו להמאציל, עכשיו בעלייתו ובהסתלקותו היה נחסר מן התחתונים כל אלו האורות שניתוספו להם על ידו. כמו דרך משל, כי על ידי ביאת הכתר ניתוסף בהמלכות יחידה פנימית, ובז"א חיה פנימית, ובבינה נשמה פנימית, ובחכמה רוח פנימי. עכשיו על ידי עליית הכתר להמאציל, במשך

**שֶׁתזֹזֹתָיו** לבניין פרצופיהם, כגון, שעלה הכתר במאציל, החכמה קיבלה את אור הנשמה הפנימית, והבינה את אור החיה הפנימית, ז"א קיבל את אור היחידה הפנימית, והמלכות מקיף דחיה. וכן כשעלה אור החכמה, אור הבינה, וכו',

**אֵין הַדָבָר הַזֶה** נעשה בשעת עליית אור וסילוק אור הספירות **(נ"א אֵין זֶה מְדַבֵּר)**, ר"ל בַּזמן הַיוֹתָן ממש **עוֹלין ומסתלקים** לא היה מתוסף בהם הארה נוספת התחתונים, **כִּי אַדְרַבָא** בזמן הסתלקות האורות ממדרגה אחת לשניה **אז הָיה זִזֹסרוֹן**[111] **אוֹר בְּכָל הָאוֹרוֹת שֶׁתזֹזֹתָיו**[112] לדוגמה[113], כאשר אור הכתר דעקודים היה מסתלק למעלה למאציל, בזמן סילוקו נחסר מהחכמה רוח הפנימי, ומהבינה אור הנשמה הפנימית, ומז"א אור החיה הפנימית, ומהמלכות אור היחידה הפנימית. וכאשר הכתר נעלם במאציל, חזרו כל האורות כבראשונה, עם תוספת הארות לכל אחד מהספירות התחתונות. וכן בעליית שאר האורות, בזמן הסתלקתם נחסרו האורות מהספירות התחתונות, ובהגיעם למקומם במדרגה היותר עליונה, חזרו האורות עם תוספת.◆

---

זמן עלייתו, היה נחסר מן אלו התחתונים, כל אלו האורות שבאו להם מקודם, וכל זה הוא מן ההתחלה של העלייה, עד הגיעם למקום חפצם להמאציל.
110

**כרם שלמה ש"ו פ"ו אות ט'** — ומה שכתב ניתוסף הארה ושלמות גמור, ר"ל כי ההארה הנמשך לצורך החיות, אינה נקראת שלמות גמור, כי אם לפי משך הזמן ההוא, אבל ההארה הנמשכת עכשיו הוא לצורך בניין פרצופים, והוא להשתלם בהשלמת בניין פרצופם, וזהו נשאר קבוע בהם, וזה הוא נקרא שלמות גמור, וזה מה שכתב עכשיו הכא, הארה ושלמות גמור, כי עכשיו על ידי אלו העליות וההספות ההארות וכו' לתחתונים, הוא לצורך הבניין של פרצופיהם, ופשוט.
111

**כרם שלמה ש"ו פ"ו אות ט'** — ונותן טעם לדבר, למה היה נמשך אז באותו זמן חסרון להתחתונים, וזה מה שכתב לפי שכיוון שאורות ראשונים הפכו פניהם לעלות ולידבק במאציל, ר"ל הלכו כדי לקבל שפע להם, ובהליכתם נמצא פניהם למעלה ואחוריהם למטה, והם קרובים אצל עצמם יותר מלהואעיל לזולתם.
112

**הגהות וביאורים )א(** — אפילו באורות דפנים, אבל באורות האחור היו מאירים כנזכר לקמן פרק ז', ולעיל פרק ה'.
113

**ע"ח ש"ו פ"ד מ"ת דכ"ו ע"ג** — ודע כי כאשר עלה הכתר אל המאציל, אז באותו שיעור והמשך הזמן שהיה עולה, אז המלכות נסתלקה ממנה בחינת גילוי יחידה, שהיא אור שהיה נמשך לה מן הכתר, שכיון שכתר היה עולה ומסתלק, לא היה כוונתו להאיר בה, אמנם נשאר בה הרשימו לבד. וכאשר סיים הכתר להתעלם, וסיימה המלכות לעלות עד סיום היסוד, אז חזר להאיר בה בעצם )המאציל( כבתחלה בחינת יחידה שבה, כי אחר שעלה הכתר במאציל, גם היא עלתה ביסוד, והיתה מדריגה אחת קרובה יותר אל המאציל, והיתה מקבלת עתה ממנו )נ"א יותר ממה( מה שהיתה מקבלת מקודם מן הכתר. אך כל זמן שלא סיים הכתר לעלות, אז היה הכתר מפסיק בין מאצילה ובינה, והכתר עצמו גם כן לא היה מאיר בה. וכן על דרך זה הוא )נ"א גם הז"א( בבחינת חיה שמקבל מן הכתר. וכן על דרך זה החכמה ובינה, וכיוצא בהם. וכן כשעלה חכמה למעלה במאצילה, נסתלקה מן המלכות החלק שהיה מגיע אליה ממנו, ולא נשאר בה רק רשימו לבד, עד שהשלימה החכמה לעלות למאצילה, ואז חזר האור כבתחלה )אליהם(. וכן תקיש מזה אל כל השאר, כי הם חלוקות רבים, כי כשכלתה )כשהתחילה( החכמה לעלות בכתר, נסתלקה הארתה )נ"א תסתלק הארתו( מכל אשר למטה ממנה )נ"א ממנו(, וכשכבר עלתה בכתר, אז חזר כבתחלה. וכשחזר פעם השניה לעלות במאציל, נסתלק האור פעם שני, וכשנגמר לעלות חזר האור לאיתנו. והמעיין מעצמו יבין שאר חילוקים על דרך זה בענין המקיפים דזו"ן, שלוקחים בעת חזרתן והסתלקותן למעלה.

**לְפִי שֶׁכִּיוָן שֶׁאוֹרוֹת רִאשׁוֹנִים הָפְכוּ פְּנֵיהֶם** למעלה **לַעֲלוֹת וּלְיִדָּבֵק בַּמַּאֲצִיל,**

וּבִזְמַן הַסְתַּלְּקוּתָם **אֵין** ביכולתם[114] **וּבִרְצוֹנָם לְהָאִיר לְמַטָּה** אלא כל רצונם הוא להידבק ולקבל מן

המאציל את שפעם, **וְגַם הַמַּאֲצִיל אֵינוֹ מֵאִיר בָּאוֹרוֹת תַּחְתּוֹנִים** באור הפנים, שהוא אור ישר

בזמן הסתלקות האורות, כי אם בבחינת אור האחוריים, שהוא אור חוזר[115], ר"ל אור היורד מהמאציל דרך אחורי

הספירות, **כִּי בֶּאֱמֶת אוֹרוֹת עֶלְיוֹנִים** בִּזְמַן הֱיוֹתָם מִסְתַּלְּקִים למאציל, **הֵם** הופכים[116]

פניהם אל המאציל, ואחוריהם אל התחתונים, **וּמַפְסִיקִים בֵּין הַמַּאֲצִיל אֲלֵיהֶם** ר"ל אל התחתונים, ועל

---

114

**כרם שלמה ש"ו פ"ו אות ט'** – וזה מה שכתב אחר כך, אין רצונם להאיר למטה, והטעם שהם עסוקים
בהליכתם לקבל שפע לעצמם, ואין פירוש **של אין רצונם להאיר למטה,** פירוש כי ח"ו יכולים להאיר ואינם
רוצים, אלא ר"ל **אין להם כח ודרך להאיר למטה,** הואיל והם עולים, והטעם מפני שהם עסוקים לקבל
שפעם.

115

**ע"ח ש"ו פ"ו מ"ז דכ"ח ע"ד** – דע כי אין ספק כי לעולם השגחת השפעת המאציל בנאצלים, **אינה נפסקת
אפילו רגע אחד,** ואף גם בהיות פגם בתחתונים, שאז )נ"א נמצא ניצוצי( האורות העליונים מחזירין פניהם מן
התחתונים, ומסתלקין מהם, ועולין למעלה, עם כל זה השגחת הארה עליונה המוכרחת להחיות התחתונים די
ספוקם, אינה נפסקת כלל, כמו שכתוב על פסוק - כי רגע באפו חיים ברצונו. ובודאי הוא שלא תהיה הארה זו
הנמשכת מן המאציל, המאיר בתחתונים בעת הסתלקות האורות למעלה, דומה אל הארה הנמשכת בתחתונים
בעת ירידת אורות העליונים למטה, להאיר בתחתונים. ונמצא עתה ב' בחינת אורות נמשכין מן המאציל
לתחתונים, אחד הוא בעת ירידת האורות למטה. והשני הוא בעת הסתלקות האורות למעלה, זאת דרך עליה,
וזאת דרך ירידה. ואמנם )נ"א כשרצון בעליונים( כאשר יש רצון, ויש כח בתחתונים, ושלימות לקבל אור
העליון של המאציל, אז האורות העליונים חשקם וחפצם להאיר למטה, ועל ידי כך הופכים פניהם למטה
להמקבלים, לירד להאיר בהם דרך פנים בפנים מאירים. ואמנם כשאין שלימות בתחתונים, והאורות
מסתלקים, הם הופכים )נ"א והופכים( פנים אל המאציל, אשר כוונתן לעלות שם, ומחזירין את אחוריהן נגד
המקבלים התחתונים, ואז אותו הארה שמאירה בתחתונים בעת ההיא, באה דרך אחוריהם, ומאחוריהם
מקבלים התחתונים הארה המוכרחת להם כדי חיותם, ולא יותר.

116

**ע"ח ש"ו פ"ה מ"ז דכ"ת ע"א** – והנה נודע כי כשבאו הספירות של העקודים היו פניהם למטה, כי כוונת
ביאתן היה היה להאיר למטה, לכן **פניהם היו דרך המקבלים, אבל בחזרתן לעלות למעלה אז הפכו פניהם
למעלה נגד המאציל, ואחוריהם למטה.** והנה, בעלות הכתר אל המאציל אין ספק כי לעולם **אין אור המאציל
נפסק אפילו רגע אחד** מן המקבלים הנאצלים, רק ההפרש הוא כי בעת ההיא אשר הכתר היה עולה למעלה,
אז האור ההוא היורד מהמאציל יורד ממנו אל הספירות )נ"א האחרת והיה בא( דרך אחוריו, שהרי הוא הפך
פניו למעלה, ואחוריו לנאצלים. והיה דינין כנ"ל )נ"א ואם כן אותו האור הבא אל הספירות הוא בא דרך
אחורי הכתר והוא דין(. ועל דרך זה בשאר ספירות בעת שהיו חוזרין ועולין. אמנם יש הפרש אחד ביניהן,
והוא כי החכמה אינם מקבלת אלא מאחוריים אחד, דהיינו מן הכתר לבד, והבינה מקבלת מב' אחוריים, דהיינו
דכתר ודחכמה, והוא יותר דין, ועל דרך זה עד המלכות, נמצא שהמלכות קבלה מט' אחוריים.

**ע"ח ש"ו פ"ז מ"ב דכ"ט ע"א** – והנה האור הנמשך דרך ירידה הוא אור ישר ורחמים, ונקרא אור פנים.
ואור החוזר דרך עליה, נקרא אור חוזר, ואור אחור, ודין. והנה ב' בחינות אלו נמצאים בכל העשר ספירות.
אמנם יש חילוק ביניהן בבחינת אור חוזר, והוא זה כי הנה כאשר אור הכתר מסתלק ועולה, **והופך פניו
למעלה כנגד המאציל, ואחוריו למטה כנגד החכמה.** הנה אז החכמה מקבלת אור חוזר ההוא **הנמשך מן
המאציל** על ידי אחור אחד לבד, שהיא אחור הכתר. אמנם בעלות החכמה גם היא אל המאציל, וגם היא
תתהפך, אז אחוריה למטה אל הבינה, אז מקבלת הבינה אור החוזר הנמשך מהמאציל דרך ב' אחוריים, שהם
אחור הכתר, ואחור החכמה. וכן על דרך זה בכל הספירות. עד שנמצא כי המלכות תקבל אור הנמשך לה מן
המאציל דרך ט' אחוריים.

ידי זה הם גורמים שלא תרד הארה מן המאציל לתחתונים באור ישר, שהיא הארה גדולה, אלא באור חוזר, שהיא הארה מועטת, **כי העליונים אינם רוצים** ויכולים **לקבל הארה** מן המאציל **לתת לתחתונים** מפני שאין להם כח ודרך להאיר למטה, כי **בעודם זושקים ותאבים** האורות העליונים **לעלות להדבק במאציל** כל כוונתם היא להשתלמות עצמם, אבל המאציל עצמו משפיע בתחתונים דרך אור חוזר[117], ובזמן הסתלקות הזאת של האורות העליונים למאציל **אדרבא יש' זוסרון באורות התזתונים** יותר **ממה שהיה להם בראשונה** לפני שהסתלקו האורות, **אמנם**[118] **תוספת אורות** שמקבלים התחתונים **הנ"ל** בגלל שעלו האורות למאציל, **אינם אלא לאזור שנגמר האור העליון להתעלות בשורשו**[119], ולא דוקא שורשו, אלא תחת כל השורשים של עולם העקודים הנמצאים בפה דא"ק.

**ונבאר** סדר **ענין זה** של הסתלקות ועליית אורות העקודים למאציל **איך הוא** היה בהתפשטות הראשונה[120] של אורות דעקודים מפה דא"ק, יצא אור המלכות בראשונה, ואחריו אור היסוד, וכו', עד שאחרון היוצאים היה אור הכתר. בחזרת האורות דעקודים לפה דא"ק, חזר אור הכתר לפני כל שאר האורות, **כי הנה כאשר** הסתלקו האורות למאציל **התזזיל** אור **הכתר**[121] להסתלק ו**לעלות בראשית**[122] ולפני **כל שאר**

---

117

**כרם שלמה ש"ו פ"ו אות ט'** – כי העליונים אינם רוצים לקבל הארה לתת לתחתונים, בעודם חושקים ותאבים לעלות להדבק במאציל, הם עצמם אינם יכולים להשפיע, כי עסוקים הם לקבל שפעם, אבל המאציל העליון היה לו להשפיע להם, כי כן דרכו תמיד להשפיע למטה.

118

**בית לחם יהודה ש"ו פ"ו** – אמנם תוספת אורות הנ"ל אינם אלא לאחר שנגמר אור העליון להתעלות בשרשו פירוש שאז חוזר אחר כך פניו להאיר למטה.

119

**ע"ח ש"ז פ"ג מ"ק דל"ב ע"א** – והנה דע כי הלא קודם בחינת העקודים אלו, **יש למעלה מהם שרשי אלו העשר**. כתר, חכמה, בינה, כו', עד המלכות. **ולמטה משורש מלכות זו, שם הוא התחלת אור הכתר הנ"ל**, פניו למעלה נגד השורש שלו, ואחוריו למטה נגד כלי הכתר של בחינת העקודים. והנה כל החיות הצריך אל העקודים האלו, כולם נמשכין אליהם מהשרשים אלו העליונים, ועוברים דרך אור הכתר הנ"ל, וכל זה בחינת חיות לבד, אך לא בחינת שפע ממש, רק כאשר יהיה אור הכתר לא מטי בכלי שלו,, כי אז יעלו ויקבלו שפע גדול משרשיהם כמו שנבאר בע"ה.

120

**ביציאה הראשונה של הספירות דעקודים מפה דא"ק:**
בצאת המלכות מפה דא"ק, היה למלכות בחינת נפש.
בצאת ז"א מפה דא"ק, היה למלכות בחינת נפש ורוח, ולז"א נפש.
בצאת הבינה מפה דא"ק, היה למלכות נר"ן, לז"א נפש ורוח, ולבינה נפש.
בצאת החכמה מפה דא"ק, היה למלכות נרנ"ח, לז"א נר"ן, לבינה נפש ורוח, ולחכמה נפש.
בצאת הכתר מפה דא"ק, היה למלכות נרנח"י, לז"א נרנ"ח, לבינה נר"ן, לחכמה נפש ורוח, ולכתר נפש.
**תרשים ו – י"ד.**

121

**ע"ח ש"ו פ"ג מ"ת דכ"ו ע"ב** – ואמנם עתה בחזרה היה הכתר חוזר בתחלת כולם, נמצא שיצא שיצא אחרון, ונכנס ראשון. והמלכות היה להיפך, כי יצאה ראשונה, ונכנסה אחרונה. וזה סוד הפסוק - אני ראשון ואני

**הָאוֹרוֹת, וּלְהִתְעַלֵּם בְּשָׁרְשׁוֹ**[123] **וּבְמַאֲצִילוֹ**[124] שהוא פה דא"ק. כאשר יצא אור הכתר בהתפשטות הראשונה מפה דא"ק, קבלה המלכות את בחינת אור היחידה הפנימית, וז"א את בחינת אור החיה הפנימית, הבינה את בחינת אור הנשמה הפנימית, והחכמה את בחינת אור הרוח הפנימי. וכאשר חזר אור הכתר למאציל **אָז** בזמן שֶׁבְּעוֹדוֹ **עוֹלֶה וּמִסְתַּלֵּק** למאציל[125], נמשך חסרון לכל התחתונים, אז **גַּם** אור הַ**יְּחִידָה הַפְּנִימִית** שֶׁנִּיתְּנוּ לַמַּלְכוּת בְּעֵת יְרִידַת אור הַכֶּתֶר בהתפשטות הראשונה, **הָיְתָה עַתָּה** היחידה הפנימית הזאת **מִסְתַּלֶּקֶת מִמֶּנָּה** ר"ל מן המלכות. **וְכֵן בִּזְוִינַת** אור **הַזִּיוָה** בַּ**פְּנִימִית שֶׁבּוֹ א'**, שֶׁנִּמְשְׁכַת לוֹ בְּעֵת יְרִידַת אור הַ**כֶּתֶר** והתפשטות אור הכתר בפעם הראשונה, **הָיְתָה עַתָּה** בזמן הסתלקות אור הכתר **מִסְתַּלֶּקֶת מִמֶּנּוּ** ר"ל מז"א. **וְכֵן** בזמן הסתלקות אור הכתר למאציל **מִן הַבִּינָה מִסְתַּלֵּק** אור **הַנְּשָׁמָה** הפנימית אשר קבלה ביציאת אור הכתר מפה דא"ק בהתפשטות הראשונה. **וּמִן הַחָכְמָה** הסתלק בחינת אור **הָרוּחַ** הפנימי, בזמן הסתלקות אור החכמה למאציל, כך שכל הספירות התחתונות הפסידו את כל בחינת תוספת האורות שקבלו בעת שיצא אור הכתר מפה דא"ק בהתפשטות הראשונה.

**וְאָמְנָם** בזמן הסתלקות אור הכתר למאציל **עֲדַיִן נִשְׁאֲרוּ בְּכוּלָּם** בחינת הָ**רְשִׁימוּ שֶׁל אוֹתָן** תוספת הָ**אוֹרוֹת** שקבלו התחתונים ביציאת אור הכתר מפה דא"ק בהתפשטות הראשונה, ונשאר בחינת רשימו בתחתונים **שֶׁהוּא רְשִׁימוּ** דאור היחידה נשאר בכלי המלכות. רשימו דאור החיה נשאר בכלי דז"א. רשימו **דְ**אור הַ**נְּשָׁמָה** נשאר בכלי הבינה, **וּרְשִׁימוּ דְ**אור הָ**רוּחַ** נשאר בכלי החכמה, **וְכַיּוֹצֵא בָּזֶה.**

---

אחרון, וביאור זה הפסוק יצדק בין בספירת הכתר, בין בספירת המלכות, אלא שזה היפך זה, והוא כמו שנודע כי אנ"י הוא כינוי אל המלכות, ובהפוכו אי"ן כנוי אל הכתר.
122

**כרם שלמה ש"ו פ"ו אות י'** – מה שכתב בראשית כל שאר האורות, הוא על דרך מה שכתב לעיל בפרק ג', בסוד אני ראשון ואני אחרון. כי באמת הוא כי ביציאתם של הספירות האלו דעקודים, המלכות יצאה ראשונה לכולם, אבל בחזרה הכתר חזר ראשון לכולם, ולזה כתב כאן, התחיל הכתר לעלות בראשית לכולם, לאפוקי שלא תטעה שהמלכות עלתה ראשית לכולם.
123

**כרם שלמה ש"ו פ"ו אות י'** – כי בתוך הפה דא"ק יש עשרה שרשים של עשר ספירות אלו של עקודים. שורש אחד לכתר, ושורש אחד לחכמה, וכו', עד שורש אחד למלכות. ועכשיו הכתר שעלה בתוך הפה של א"ק, זה נקרא שעלה לשורשו.
124

**כרם שלמה ש"ו פ"ו אות י'** – ועוד ידוע כי כל עליון נקרא מאציל לתחתון, כי הוא המתקנו, ומשפיע לו שפע הצריך לו. וכאן גם כן העשר ספירות העיקריים של הפה דא"ק, אשר הם בתוך הפה הזה, הם נקראים מאציל לעולם העקודים.
**כלל** – כל עליון נקרא מאציל לתחתון.
125

**כאשר הכתר הסתלק לפה דא"ק:**
המלכות הפסידה את היחידה הפנימית, ונשארה עם נרנ"ח פנימיים, ורשימו דתוספת אור היחידה הפנימית.
ז"א הפסיד את החיה הפנימית, ונשאר עם נר"ן פנימיים, ורשימו דתוספת אור החיה הפנימית.
הבינה הפסידה את הנשמה הפנימית, ונשארה עם רוח ונפש פנימיים, ורשימו דתוספת אור הנשמה הפנימית.
החכמה הפסידה את הרוח הפנימית, ונשארה עם נפש פנימית בלבד, ורשימו דתוספת הרוח הפנימי.
**תרשים ו – ט"ו.**

47

**צריך לדעת** כי בסוגיה זאת לרב ז"ל יש חידוש לעומת הדרושים הקודמים, הרשימו שהרב ז"ל מבאר כאן, הוא לא הרשימו שנשאר בכלים כאשר **כל האורות עולים ונעלמים בפה דא"ק**, אלא מדובר ברשימו **של תוספת האורות** שקבלו התחתונים בזמן שהאורות מסתלקים למאציל, לדוגמה כאשר יצא אור הכתר מפה דא"ק בהתפשטות הראשונה, המלכות קבלה בתוספת את בחינת אור היחידה הפנימית, ז"א את אור החיה הפנימית, הבינה את אור הנשמה הפנימית, והחכמה את אור הרוח הפנימי. ובזמן שמסתלק אור הכתר לפה דא"ק, מסתלקים כל האורות שקבלו התחתונים, מהמלכות מסתלק אור היחידה הפנימית, מז"א אור החיה הפנימית, מהבינה אור הנשמה הפנימית, מהחכמה אור הרוח הפנימי. ובהסתלקות אורות אלו, נשארים האורים הרשימו שלהם, כאשר במלכות נשאר הרשימו של אור היחידה הפנימית, בז"א הרשימו של אור החיה הפנימית, בבינה הרשימו דאור הנשמה הפנימית, ובחכמה אור הרוח הפנימי. **רק אור הכתר** משאיר את הרשימו של האור הראשון שיצא במקום הכלי שלו, והוא רשימו דנפש של הכתר. **כי אף על פי שנסתלקו האורות** עצמות **האורות** למאציל, והתחתונים הפסידו את תוספת האורות שקבלו לפני שהסתלקו עצמות האורות, עם כל זה **לא היתה כוונתן** של האורות המסתלקים **להסתלק לגמרי לעולם** ולא לחזור, חוץ מאור מעצמות הכתר שנשאר לעולם בפה דא"ק, כל כוונת האורות הם לעלות למאציל ולהשתלם שם, ואחר כך לחזור ולצאת שלמים מפה דא"ק, **לכן** בזמן הסתלקות עצמות האורות, **רושם** תוספת **האורות שהיו** מתוספים **באלו אורות תחזתונים** שקבלו בזמן יציאת האורות העליונים מהם **נשאר במקומן, כי אפילו בהסתלקותן** של האורות **בהכרזו** היו **מאירין קצת הארה** כדי חיותם **בתחזתונים** על ידי זה הרשימו[126], **דאם**[127] **לא כן יתבטלו לגמרי** תוספת האורות שהוסיפו **כמו שנבאר בע"ה.**

**ובחניה הראשונה של האורות אזור**[128] **אשר הושלם אור הכתר להסתלק ולהתעלם במאציל** שהוא פה דא"ק **לגמרי** ועומד מתחת לעשר השורשים דעקודים[129]. גם כל האורות התחתונים עלו כל אחד מדרגה למעלה, כאשר אור החכמה עלה למקום הכתר מעיקרא, אור הבינה למקום החכמה, אור החסד למקום

---

126

**ע"ח ש"ו פ"ה מ"ת דכ"ו ע"ד** – והענין הוא כי כאשר נתעלו האורות למעלה, נשאר למטה האור העב והגס, שהוא בחינת הכלי כנ"ל, והנה יש בטבע האורות **להשאיר רושם שלהם למטה, במקום שהיו שם בראשונה**, ולכן כל האורות האלו בעת עלותם, הניחו רשימו למטה במקום שהיו שם בראשונה. כיצד, הנה הכתר הניח רשימו להאיר אל החכמה, וכן חכמה לבינה, ובינה לז"א, וז"א לנוקבא. **כי לעולם בטבע העליון להאיר לתחתון**, ויש לו חשק להאיר בו, כמו חשק אמא לבנים, ולכן מניח ומשאיר רשימו.

127

**בית לחם יהודה ש"ו פ"ו** – דאם לא כן יתבטלו לגמרי. פירוש יתבטלו אותם התוספת שהוסיפו על נפש העיקרית לגמרי.

128

**כרם שלמה ש"ו פ"ו אות י"ב** – כל זה מה שהתבאר לעיל, כי האורות שבאו להתחתונים בזמן ירידת הכתר, עתה מסתלקין, **כל זה הוא בזמן המשך עליית הכתר**, קודם הגיעו למחוז חפצו במאציל. אבל אחר אשר הושלם אור הכתר להסתלק, פירוש אחר **שהשלים עלייתו למקום חפצו** במאציל, וזה לגמרי, פירוש שהגיע לשם, אזי באותו זמן הואיל ומקבל שלמותו שם, והספירות התחתונים ממנו הם גם כן מתעלים מדרגה יותר ממה שהיו, לכן עכשיו הספירות התחתונות הם מרוחין יותר ממה שהיה להם בתחילה.

129

**ע"ח ש"ז פ"ג מ"ק דל"ב ע"א** – והנה דע כי הלא קודם בחינת העקודים אלו, יש למעלה מהם שרשי אלו העשר. כתר, חכמה, בינה, כו', עד המלכות. **ולמטה משורש מלכות זו, שם הוא התחלת אור הכתר הנ"ל, פניו למעלה נגד השורש שלו, ואחוריו למטה נגד כלי הכתר, של בחינת העקודים.**

הבינה, וכו' וכו', ואור היסוד למקום ההוד מעיקרא, ואור המלכות למקום היסוד מעיקרא, ועל ידי עלייה זאת **אָז כָּל הָאוֹרוֹת שֶׁתִזזָתַיו זֹוזְרִים לְהָאִיר כְּבָרִאשׁוֹנָה מַמָשׁ** את כל האורות שקבלו בתור תוספת בצאת הכתר מפה דא"ק בהתפשטות הראשונה, **וְגַם נִיתוֹסֵף**[130] **בָּהֶם אוֹרוֹת הַנוֹסָפוֹת** שלא היו להם עד עכשיו **כַּנִזְכָּר לְעֵיל,** כאשר המלכות קבלה את אור היחידה הפנימית בחזרה, ותוספת מקיף דחיה. וז"א קבל בחזרה את אור החיה הפנימית, ותוספת אור היחידה הפנימית. הבינה קבלה בחזרה את אור הנשמה הפנימית, ותוספת אור החיה הפנימית, והחכמה קבלה בחזרה את אור דרוח הפנימי, ותוספת אור הנשמה הפנימי.

**וְטַעַם הַדָבָר** שהספירות קבלו תוספת אורות נוספים **הוֹא, כִּי הִנֵה כַּאֲשֶׁר נִשְׁלַם הַכֶּתֶר**[131] **לְהִתְעַלֵם בַּמַאֲצִיל,** גַם שְׁאַר אוֹרוֹת של התחתונים **עָלוֹ בַּמַדְרִיגָה אֲזֹת יוֹתֵר** גבוה ממה שהיה להם בתזזלה, **וְכוֹלָן עָלוֹ זֶה אֲזֹר זֶה** ונמשך להם אור יותר גדול ממה שהיה להם בהתחלה, **עַד שֶׁנִגְמְצֵאת אוֹר הַמַלְכוּת** עלה **בַּמָקוֹם שֶׁהָיָה בּוֹ בַּתזזלה אוֹר הַיְסוֹד** מעיקרא, ועל ידי כך **הִיא** נעשית יותר קְרוֹבָה מַדְרִיגָה אֲזֹת אֶל הַמַאֲצִיל ממה שהיה בתזזלה, והיא מקבלת עתה מן המאציל, כל מה שהיה בה בתזזלה לפני שהסתלק אור הכתר למאציל, **וְהִיא** בחינת היזזידה **הַפְּנִימִית, וְעוֹד** המלכות מקבלת **אוֹר הַנוֹסֶפֶת** צ"ל נוסף, **שֶׁהוּא מַקִיף הַתִזזָתוֹן דְבוֹזִינַת זַזיה כנ"ל. וְכֵן הָיָה הָעִנְיָן בְּזֹ"א** שעלה מדרגה אחת )ר"ל כל קצה מהקצוות דז"א עלה מדרגה, אור החסד למקום הבינה, אור הגבורה למקום החסד, אור התפארת למקום הגבורה, אור הנצח למקום התפארת, אור ההוד למקום הנצח, ואור היסוד למקום ההוד(, קבל בחזרה את אור החיה הפנימית, ותוספת אור היחידה הפנימית. **וְכֵן בְּזֹזְכְמָה** חזר אור הרוח הפנימי, ותוספת אור הנשמה הפנימית. **וּבִינָה** קבלה בחזרה את אור הנשמה הפנימית, ותוספת אור החיה הפנימית, כך **שֶׁכוּלָם זֹזְרוּ לְקַבֵּל הָאָרָה אֲזֹת** שנחסרה מהם כאשר הסתלק אור הכתר למאציל, **עִם תוֹסְפוֹת הָאוֹרוֹת** כאשר עלו התחתונים מדרגה אחת קרובה למאציל.

---

[130]

**ע"ח שׁ"ו פ"ג מ"ת דכ"ו ע"ב** – והנה בהתעלם הכתר במקומו )נ"א אל מקורו( עלתה החכמה במקום הכתר, ובינה במקום חכמה, וכן על דרך זה כולם, עד שנמצא המלכות במקום היסוד. ועל ידי עלייה זו במקום היסוד, ניתוסף בה האור, והיה לה בחינת מקיף אחד אשר כנגד בחינת חיה הפנימי. גם ז"א עלה במדרגה אחת וניתוסף בו בחינת יחידה מן אורות פנימים, ועתה נשלם לו ה' אורות פנימים. ובינה ניתוסף בה בחינת חיה הפנימי. וחכמה ניתוסף בה בחינת נשמה הפנימי.

[131]

**כאשר אור הכתר דעקודים נעלם בפה דא"ק:**
אור הכתר השתלם תוך פה דא"ק.
אור החכמה עלה למקום הכתר מעיקרא, וקבל בחזרה את בחינת הרוח דליה, ותוספת של אור הנשמה.
אור הבינה עלה למקום החכמה מעיקרא, וקיבלה בחזרה את בחינת הנשמה דליה, ותוספת של אור החיה.
אור דז"א )כל אחד מהספירות דז"א עלה מדרגה אחת, כאשר אור החסד עלה לבינה, גבורה לחסד, תפארת לגבורה, נצח לתפארת, הוד לנצח, יסוד להוד( עלה, וקבל בחזרה את אור החיה דליה, ותוספת אור היחידה.
אור המלכות עלה למקום ז"א )היסוד(, וקבלה המלכות בחזרה את אור היחידה דליה, ותוספת אור מקיף דחיה.
**תרשים ו – ט"ז.**

**בנסיעה הראשונה** בזמן שאור הכתר[132] דעקודים היה מסתלק למאציל, **באותו זמן ממש** גם שאר האורות התחתונים היו מסתלקין למדרגה יותר גבוהה. ובזמן זה התחתונים הפסידו את האורות שהיו מקבלים מן העליונים מהם. **וכן**[133]

**בנסיעה הראשונה כאשר** אור הכתר היה מסתלק למאציל, באותו זמן **ממש גם אור הזוכמה**[134] **היה מסתלק לעלות אל מקום** שהיה בו **אור הכתר** מעיקרא, **אז מסתלק מאור (נ"א מתוך) המלכות מה שקבלה על ידי אור הזוכמה** בהתפשטות הראשונה, **וכן מכל שאר האורות** שמתחת החכמה, **והוא** כי בהסתלק אור החכמה למקום הכתר, הסתלקה **בזוינת הזויה הפנימית מן המלכות. וכן על דרך זה בשאר אורות** כל אחד הפסיד מה שקבל בזמן יציאת אור החכמה מפה דא"ק, כאשר מז"א הסתלק אור הנשמה הפנימית שקבל בהתפשטות הראשונה של החכמה.

**וכן מהבינה** הסתלק אור הרוח הפנימי שקבלה בהתפשטות הראשונה של החכמה. **ולא נשאר בהם** במלכות, ז"א והבינה מהבחינות שהסתלקו **רק בזוינת רשימו** של בחינת האורות שהסתלקו **בלבד כנזכר לעיל,** לכן בזמן שאור החכמה היה מסתלק למקום הכתר, ואור הכתר מסתלק למאציל, המלכות הפסידה את אור היחידה החיה הפנימית, ונשארה רק עם נר"ן פנימיים, ורשימו דחיה ויחידה. וז"א הפסיד את אור החיה והנשמה הפנימיים, ונשאר רק עם נפש ורוח פנימיים, ורשימו דנשמה וחיה. והבינה הפסידה את אור הרוח הפנימית, ונשארה בבחינת נפש בלבד, ורשימו דרוח ונשמה.

---

132

**כרם שלמה ש"ו פ"ו אות י"ג** – וכן כאשר אור החכמה היה מסתלק וכו', זהוא הסיום דלעיל מניה, והוא בזמן עליית הכתר אל המאציל, אז ממילא אור החכמה **מוכרח הוא לעלות** אל מקום הכתר, ועל בחינה הזאת מדבר כאן. והוא כי בא לומר לי, אל תחשוב כי בעליית הכתר אל המאציל אינו נגרע מן התחתונים, כי אם מה שקנו להם על ידי ביאת הכתר, אבל מה שקנו על ידי ביאת הספירות אשר למטה מן הכתר, כמו ספירת החכמה והבינה נשארו, הואיל והעלייה היא אינה שלהם, כי העלייה העיקרית היא של הכתר, לזה אינו נגרע מן התחתונים שום דבר ממה שבה להם על ידי ביאת החכמה ולמטה. ולזה כתב הואיל והספירות שהם מן החכמה ולמטה, מוכרח הם לעלות ממקומם, שהואיל והכתר עלה, לזה כמו שנסתלקו האורות שבאו על ידי הכתר הואיל ועלה, הכי נמי בם, הואיל ונסתלקים ועולים ממקומם האורות שבאו על ידם בזמן ביאתם, עכשיו מסתלקין, ולא נשאר מהם כי אם הרשימו לבד, אף על פי שאין עכשיו זמן עלייתם אל המאציל, ולזה החכמה שהיא אחד מן אלו שאין עכשיו זמן עלייתם אל המאציל, אלא מה שעולה היא אל מקום הכתר היא שעולה, והיא אגב **גררה** של הכתר שעלה אל המאציל.

133

**בית לחם יהודה ש"ו פ"ו** – וכן כאשר גם אור החכמה היה מסתלק לעלות אל מקום הכתר. הוא סילוק הראשון עצמו, כי כולם נסתלקו יחד, כאדם המושך בשלשלת של יו"ד טבעות, שכולם נמשכין בבת אחת זו אחר זו, אלא דרז"ל מחלקם בביאור דבריו כל אחת ואחת בפני עצמה.

134

**בזמן שאור החכמה דעקודים היה עולה למקום הכתר, והכתר למאציל:**
מחכמה הסתלק בחינת הנפש, ונשאר כלי החכמה בלי אור, ורק אורות הרשימו.
מבינה הסתלק בחינת הרוח, ונשארה עם בחינת הנפש בלבד, ואורות הרשימו.
מז"א הסתלק בחינת הנשמה, ונשאר עם נפש ורוח, ואורות הרשימו.
מהמלכות הסתלק בחינת חיה, ונשארה עם נר"ן, ואורות הרשימו למלכות.
**תרשים ו – י"ז.**

50

**וּבשעת החניה הראשונה כַּאֲשֶׁר**[135] כל האורות עלו מדרגה אחת **וְנִגְמְרָה** עליית הכתר לפה דא"ק, גם הושלמה **עליית הָאוֹר שֶׁל הַזוכמה בִּמְקוֹם כֶּתֶר, אוֹ זזֶר בְּזִינוּת הָאוֹר** החכמה **כְּבָרִאשׁוֹנָה לְהָאִיר לָהֶם** ר"ל לתחתונים **כל הַבְּזִינוּת שֶׁהָיוּ בַּתְזִלָה, וְעוֹד אוֹרוֹת נוֹסָפִים כַּנּזְכַּר לְעֵיל** בעליית אור הכתר למאציל, כאשר לחכמה חזר הרוח הפנימי, וקבל את בחינת אור הנשמה הפנימית, והיא נמצאת במקום הכתר. לבינה חזר הרוח והנשמה הפנימיים, וקבלה את בחינת אור החיה הפנימית, והיא נמצאת במקום החכמה. לז"א חזר הנשמה והחיה הפנימיים, וקבל את בחינת אור היחידה הפנימית, והוא נמצא במקום הבינה )ר"ל קצה החסד דז"א נמצא במקום הבינה, עד היסוד שעלה למקום ההוד(. ולמלכות חזר אור החיה והיחידה הפנימיים, וקבלה את בחינת מקיף דחיה, ונמצאת במקום ההוד. בזמן שאור הכתר היה מסתלק למאציל, ואור החכמה למקום הכתר, באותו זמן גם הבינה[136] היתה מסתלקת למקום החכמה, והתחתונים הפסידו את האורות שקבלו בצאתה מפה דא"ק. וכן אורות ז"א[137] האותו זמן היו מסתלקים למעלה כל אחד מדרגה אחת, ועלה החסד למקום הבינה וכו', באותו זמן המלכות הפסידה את אור הרוח שקבלה בזמן יצא ז"א מפה דא"ק. וכן באותו זמן אור המלכות[138] היה עולה למקום היסוד, הפסידה את אור הנפש דיליה, ונשארה עם רק מעצמות האורות, הרשימו דנרנח"י.◆

אחרי שאור הכתר נעלם במאציל, והאורות התחתונים עלו כל כל אחד מדרגה אחת למעלה, וקבלו אורות נוספים.

**וְאזֻר**[139] **כך בנסיעה השנייה כַּאֲשֶׁר הִתְזַיֵּל אוֹר הַזוכמה.**[140] שנמצא במקום כלי הכתר

---

135

**בֵּית לֶחֶם יְהוּדָה ש"ו פ"ו** – וכאשר נגמרה עליית אור של חכמה במקום הכתר, אז חזר בחינת האור כבראשונה להאיר להם. כי בכל עליית האור לספירה אחת, היה מתעכב שם, ומחזיר פניו למטה להאיר לתחתונים.

136

**בזמן שאור הבינה דעקודים היה עולה למקום החכמה, והחכמה למקום הכתר, והכתר למאציל:**
מבינה הסתלק בחינת הנפש, ונשאר כלי הבינה בלי אור, ורק אורות הרשימו.
מז"א הסתלק בחינת הרוח, ונשאר עם נפש בלבד, ואורות הרשימו.
מהמלכות הסתלק בחינת נשמה, ונשארה עם נפש ורוח, ואורות הרשימו.
**תרשים ו – י"ח.**

137

**בזמן שאור ז"א דעקודים היה עולה למקום הבינה, והבינה למקום החכמה, והחכמה למקום הכתר, והכתר למאציל:**
מז"א הסתלק בחינת נפש, ונשאר כלי ז"א בלי אור, רק אורות הרשימו.
מהמלכות הסתלק בחינת הרוח, ונשארה עם נפש בלבד, ואורות הרשימו למלכות.
**תרשים ו – י"ט.**

138

**בזמן שאור המלכות דעקודים היה עולה למקום ז"א, וז"א למקום הבינה, והבינה למקום החכמה, והחכמה למקום הכתר, והכתר למאציל:**
מהמלכות הסתלק בחינת הנפש, ונשאר כלי המלכות בלי אור, ואורות הרשימו למלכות.
**תרשים ו – כ.**

139

**כֶּרֶם שְׁלֹמֹה ש"ו פ"ו אות י"ד** – כי מוכרח הוא שכל האורות של כל הספירות שהם מן החכמה ולמטה, הם כולם יעלו אל המאציל כדי להשתלם, בבחינת נרנח"י וב' מקיפים שלהם. עכשיו שבא זמן עליית החכמה אל המאציל, אזי בזמן המשך עלייתו של החכמה, ממקום הכתר עד המאציל, קודם שהגיעה לשם, אזי כל האורות שבאו להספירות התחתונים על ידי ספירת החכמה, ופירוש החיה הפנימית למלכות, והנשמה להז"א, והרוח לבינה, חזרו להסתלק כמקודם, שהוא בזמן עליית החכמה ממקומה למקום הכתר.

**לְהִסְתַּלֵק עוֹד** למעלה **מִן מְקוֹם הַכֶּתֶר**, כדי **לַעֲלוֹת אֶל הַמַּאֲצִיל** ולהשתלם, **אָז**[141] בזמן סילוקו לפה דא"ק **חָזְרוּ כָל הָאוֹרוֹת הַתַּחְתּוֹנִים** להפסיד ולגְרוֹעַ **כָּל הָאוֹרוֹת שֶׁהָיוּ נִמְשָׁכִין לָהֶם עַל יְדֵי** יציאת **אוֹר הַחָכְמָה** מפה דא"ק בהתפשטות הראשונה, וכן הפסידו את האורות שקבלו מיציאת אור הכתר מפה דא"ק בהתפשטות הראשונה, ותוספת האורות שקבלו התחתונים מעליית הכתר במאציל, כך וכן באותו זמן שהיה אור החכמה עולה למאציל, הבינה[142] שהיתה במקום החכמה מעיקרא, היתה עולה למקום הכתר מעיקרא, בזמן זה הפסידו הספירות התחתונות את האורות שקבלו בזמן צאת הבינה מפה דא"ק בהתפשטות הראשונה. וכן באותו זמן שעולה אור החכמה למאציל, ואור הבינה למקום הכתר מעיקרא, ז"א( חסד[143] דז"א) שהיה במקום הבינה מעיקרא, היה עולה למקום החכמה מעיקרא, בזמן זה הפסידה המלכות את אור הרוח שקבלה מז"א. וכן באותו זמן שהיה אור החכמה עולה למאציל, ואור הבינה לכתר, ואור חסד דז"א לחכמה, המלכות[144] שהיתה במקום יסוד דז"א, היתה עולה למקום הוד דז"א, נסתלק אור הנפש דיליה. כך שכל בחינות דעקודים הפסידו את כל

---



**בזמן שאור החכמה דעקודים היה עולה לפה דא"ק:**

מהמלכות הסתלק בחינת אור החיה הפנימית שקבלה מהחכמה, וכן הסתלק אור היחידה הפנימית שקבלה מהכתר, והתוספת שהוא אור מקיף דחיה שקבלה שהכתר נעלם בפה דא"ק. ונשארה המלכות עם נר"ן פנימיים, ואורות הרשימו.

מז"א הסתלק בחינת אור הנשמה שקבל מהחכמה, והסתלק אור החיה שקבל מהכתר, והתוספת שהוא אור היחידה הפנימית שקבל שהכתר נעלם בפה דא"ק, ונשאר ז"א עם נפש ורוח פנימיים, ואורות הרישימו.

מהבינה הסתלק בחינת אור הרוח שקבלה מהחכמה, והסתלק אור הנשמה שקבלה מהכתר, והתוספת שהוא אור החיה הפנימית שקבלה שהכתר נעלם בפה דא"ק, ונשארה הבינה עם נפש פנימית דליה, ואורות הרשימו.

מהחכמה הסתלק אור הנפש הפנימית שקבלה בעת צאת החכמה מפה דא"ק, והסתלק אור הרוח שקבלה מהכתר, והתוספת שהוא אור הנשמה שקבלה שהכתר נעלם בפה דא"ק.
**תרשים ו – כ"א.**



**בית לחם יהודה ש"ו פ"ו** – אז חזרו כל אורות החחתונים לגרוע כל האורות שהיו נמשכין להם על ידי אור החכמה. הוא הדין שחזרו לגרוע אור זו"ן כל האור הנמשך להם על ידי הבינה. שהרי גם הבינה הפכה פניה לעלות לכתר, וגם הז"א הפך פניו לעלות לחכמה. ולא די בזה אלא שחזרו לגרוע גם את האורות שהיו נמשכין להם מהכתר. כי בעליית החכמה היתה מפסקת בין הכתר שבמאציל לבין התחתונים, ועוד היכי אפשר שתסתלק החיה מנוקבא, ועדיין בחינת יחידה פנימית קיימת. וכן הענין בז"א, ובאימא, כל אחד כפי מדרגתו ובחינתו.



**בזמן שאור הבינה דעקודים היה עולה למקום הכתר, והחכמה למאציל:**

מבינה הסתלק בחינת אור הנפש.
מז"א הסתלק בחינת הרוח, ונשאר עם נפש בלבד.
מהמלכות הסתלק בחינת נשמה, ונשארה עם נפש ורוח.
**תרשים ו – כ"ב.**



**בזמן שאור ז"א דעקודים היה עולה למקום החכמה, והבינה למקום הכתר, והחכמה למאציל:**

מז"א הסתלק בחינת הנפש.
מהמלכות הסתלק בחינת רוח, ונשארה עם נפש בלבד.
**תרשים ו – כ"ג.**



**בזמן שאור המלכות דעקודים היה עולה למקום ז"א )הוד דז"א( , וז"א )חסד דז"א( למקום החכמה, והבינה למקום הכתר, והחכמה למאציל:**

מהמלכות הסתלק בחינת הנפש.
**תרשים ו – כ"ד.**

האורות שלהם, **ולא נשאר בהם** מהאורות שהסתלקו **רק הרשימו לבד. וכאשר נגמר להתעלם** אור החכמה[145] **במאציל, אז חזרו בהם כל האורות** שהפסידו בזמן סילוק אור החכמה למאציל **ועוד הארה נוספת** לכל אחד מהתחתונים, ר"ל חזרו כל הספירות התחתונות לקבל את אורם הראשון, עם תוספת מהמאציל מפני שעלו עוד מדרגה. כך למלכות חזר עצמות אור הנרנח"י הפנימיים ומקיף דחיה, וקבלה תוספת מהמאציל את המקיף דיחידה. לז"א חזר עצמות אור הנרנח"י, וקבל מהמאציל ומקיף דחיה. והבינה חזר עצמות אור הנרנ"ח הפנימיים, ועוד קבלה הבינה מהמאציל את עצמות אור היחידה הפנימית, **לפי שגם הם נתקרבו אל המאציל** מדרגה אחת **יותר מבראשונה** כאשר אור הבינה עלה למקום הכתר, ז"א )חסד דז"א( עלה למקום החכמה, וכו', על דרך זה עלו כל שאר הקצוות דז"א מדרגה אחרי מדרגה, ואור המלכות עלה למקום ההוד ♦


**וכן על דרך זה היה בעליית שאר אורות תזתונים,** כך זמן הסתלקות אורות דבינה[146] לפה דא"ק **והיא הנסיעה השלישית.** הסתלקו האורות שנתנה הבינה לז"א ולמלכות עם כל האורות שקבלו מהחכמה

---

145

**כאשר אור החכמה דעקודים נעלם בפה דא"ק:**
אור החכמה השתלם תוך פה דא"ק.
אור הבינה עלה למקום הכתר מעיקרא, וקבל בחזרה את בחינות הנרנ"ח דליה, ותוספת של אור היחידה הפנימית.
אור דז"א )כל אחד מהספירות דז"א עלה מדרגה אחת, כאשר אור החסד עלה לחכמה, גבורה לבינה, תפארת לחסד, נצח לגבורה, הוד לתפארת, יסוד לנצח( עלה למקום החכמה, וקבל בחזרה את בחינות הנרנח"י דליה, ותוספת מקיף דחיה.
אור המלכות עלה למקום ז"א )הוד דז"א(, וקבלה המלכות בחזרה את אורות הנרנח"י הפנימיים ומקיף דחיה , ותוספת מקיף דיחידה.
**תרשים ו – כ"ה.**
146

**בזמן שאור הבינה דעקודים היה עולה לפה דא"ק:**
מהמלכות הסתלק בחינת אור הנשמה הפנימית שקבלה מהבינה, וכן הסתלק אור החיה הפנימית שקבלה מהחכמה, ואור היחידה הפנימית שקבלה מהכתר, והתוספת ב' האורות המקיפין, שהם מקיף דחיה, ומקיף דיחידה. ונשארה המלכות עם נפש ורוח פנימיים.
מז"א הסתלק בחינת אור הרוח שקבל מהבינה, והסתלק אור הנשמה שקבל מחכמה, ואור החיה שקבל מהכתר. והתוספת שהוא אור היחידה הפנימית, ומקיף דחיה, ונשאר ז"א עם נפש בלבד.
ומהבינה מסתלקים כל בחינות הנרנח"י הפנימיים דליה.
**תרשים ו – כ"ו.**
**בזמן שאור ז"א )חסד דז"א( דעקודים היה עולה למקום הכתר, והבינה למאציל:**
מז"א הסתלק בחינת הנפש.
מהמלכות הסתלק בחינת רוח, ונשארה עם נפש בלבד.
**תרשים ו – כ"ז.**
**בזמן שאור המלכות דעקודים היה עולה למקום ז"א )נצח דז"א( , וז"א )חסד דז"א( למקום כתר, והבינה למאציל:**
מהמלכות הסתלק בחינת הנפש דליה.
**תרשים ו – כ"ח.**

53

והכתר, וגם הסתלקו מהם כל האורות שנתוספו להם כאשר החכמה נעלמה בפה דא"ק. וכאשר גמרה הבינה לעלות תוך פה דא"ק, ונעלמה במאציל, המאציל[147] חזר והאיר להאיר לתחתונים עם תוספת אורות◆

וכן על דרך זה **בנסיעה** הרביעית, כל ספירה וספירה מהו"ק עולות מדרגה אחרי מדרגה. וגם המלכות עולה אחרי הו"ק, עד שבזמן הסתלקות ז"א[148] למאציל, המלכות הפסידה את בחינת הרוח שקבלה מז"א, ואת כל האורות שקבלה מהבינה, החכמה והכתר. וכאשר גמר הז"א לעלות תוך פה דא"ק, ונעלם במאציל, המאציל[149] חזר והאיר למלכות את כל אורות שהפסידה◆

ועל דרך זה כל אחד ואחד מהקצוות דז"א עולה ונעלם במאציל, **נסיעה אחר נסיעה.** ובנסיעה האחרונה, שהיא **הנסיעה העשירית**, אור הנפש דמלכות[150] הסתלק לפה דא"ק, ואתו כל תוספת האורות והמקיפין. ונשארים[151] בכלים דעקודים

---

147

**כאשר אור הבינה דעקודים נעלם בפה דא"ק:**

אור הבינה השתלם תוך פה דא"ק.

אור דז"א (כל אחד מהספירות דז"א עלה מדרגה אחת, כאשר אור החסד עלה לכתר, גבורה חכמה, תפארת לבינה, נצח לחסד, הוד לגבורה, והיסוד לתפארת( עלה למקום הכתר, וקבל בחזרה את בחינת הנרנח"י דליה, ואת מקיף דחיה, וקבל בתוספת את המקיף דיחידה.

אור המלכות עלה למקום ז"א )נצח דז"א(, וקבלה המלכות בחזרה את אורות הנרנח"י הפנימיים ומקיף דחיה ויחידה, ולא נתוסף בה עוד אור.

**תרשים ו – כ"ט.**

148

**בזמן שאור ז"א דעקודים היה עולה לפה דא"ק:**

מהמלכות הסתלק בחינת אור רוח הפנימית שקבלה מז"א, וכן הסתלק אור הנשמה שקבלה מהבינה, ואור החיה שקבלה מהחכמה, ואור היחידה הפנימית שקבלה מהכתר, והתוספת ב' האורות המקיפין, שהם מקיף דחיה, ומקיף דיחידה. ונשארה המלכות עם נפש ורוח פנימיים.

מז"א הסתלק בחינת אור הנפש דליה, ובחינת הרוח שקבל מהבינה, ואור הנשמה שקבל מחכמה, ואור החיה שקבל מהכתר. והתוספת אור היחידה הפנימית, ומקיפי דחיה ויחידה.

**תרשים ו – ל.**

**בזמן שאור המלכות דעקודים היה עולה למקום הכתר מעיקרא, וז"א למאציל:**

מהמלכות הסתלק בחינת הנפש דליה.

**תרשים ו – ל"א.**

149

**כאשר אור ז"א דעקודים נעלם בפה דא"ק:**

אור דז"א השתלם תוך פה דא"ק.

אור המלכות עלה למקום בכתר מעיקרא, וקבלה המלכות בחזרה את אורות הנרנח"י הפנימיים ומקיף דחיה ויחידה, ולא נתוסף בה עוד אור.

**תרשים ו – ל"ב.**

150

**שאור מלכות דעקודים עלה לפה דא"ק:**

מהמלכות הסתלק בחינת אור הנפש הפנימית דליה, וכן הסתלק אור הרוח שקבלה מז"א, והנשמה שקבלה מהבינה, ואור החיה שקבלה מהחכמה, ואור היחידה הפנימית שקבלה מהכתר, והתוספת ב' האורות המקיפין, שהם מקיף דחיה, ומקיף דיחידה.

**תרשים ו – ל"ג.**

151

**תרשים ו – ל"ד.**

רק הרשימו של האורות שנעלמו לתוך פה דא"ק, חוץ מהמלכות שנשארה בלי רשימו, והכתר בלי כלי. כך שלכתר[152] נשאר רשימו בלי כלי, לחכמה בינה וז"א נשאר רשימו וכלי, ולמלכות נשאר כלי בלי רשימו.

**כי כשהיה אור העליון עולה** ומסתלק למאציל, באותו זמן שהיה מסתלק, באותו זמן **היה אור התחתונים גורע** ונחסרים מהם כל התוספות שקבלו, והתחתונים נשארים רק עם הקשימו של התוספות, **ואזזר גמר הסתלקות** ועליית **העליונים** לפה דא"ק, **היו זוזרים כל האורות התחתונים** שהפסידו בזמן הסתלקות העליונים **כבראשונה**, ובגלל שהתחתונים התקרבו מדרגה יותר קרובה למאציל, קבלו התחתונים **גם** בחינות של **תוספת אור כנ"ל. אלא שיש הפרש ביניהם, והוא כי בעת הסתלקות אור הכתר** למאציל, **לא היה רק הסתלקות אור אזזר** שהוא אור הכתר **לבד שעלה ונסתלק במאציל, ועל כן לא נמצאו בו רק** [דכ"ה ע"ד 55] **ב' בזינות, האזזר בעת הסתלקותו** של אור הכתר למאציל, **שאז נגרע (נ"א נגמר) מאור התחתונים** כל הבחינות שקבלו כאשר יצא אור הכתר מפה דא"ק בהתפשטות הראשונה, ונשארו רק עם הרשימו של האורות שהפסידו. כאשר המלכות הפסידה את אור היחידה הפנימית, וז"א את אור החיה הפנימי, והבינה את אור הנשמה הפנימית, והחכמה את אור הרוח הפנימי, **והשני אזזר גמר הסתלקותו** של אור הכתר **במאציל (או זוזרו האורות כנ"ל ל"ג), כי אז זוזר האור** אשר הפסידו התחתונים בזמן הסתלקות אור הכתר למאציל **אל האורות שתזזתיו**, כאשר חזר אור היחידה הפנימית למלכות, אור החיה הפנימית לז"א, אור הנשמה הפנימית לבינה, ואור הרוח הפנימי לחכמה. וכן קבלו התחתונים תוספת אורות בגלל התקרבותם מדרגה אחת למאציל, כאשר המלכות קבלה את בחינת מקיף דחיה, ז"א את בחינת היחידה הפנימית, הבינה את בחינת החיה הפנימית, והחכמה את בחינת הרוח הפנימי.

אור והחכמה עובר ב' תחנות, האחד נסיעתו ממקומו עד מקום הכתר, והנסיעה השניה היא ממקום הכתר למאציל, לכן יש שינוי בבחינת הסתלקות וחזרת האורות לתחתונים. **אבל באור החכמה, היו ב' בזינות של הסתלקות, אזזת בהסתלקותו** אור החכמה **עד מקום הכתר** מעיקרא, **והשנית בהסתלקו** של אור החכמה ממקום הכתר ועליתו **במאציל, ובכל אזזת משתי הסתלקות אלו** של אור החכמה **היה לה ב' בזינות שהוא גירעון** והפסד תוספת האורות שקבלו תחתונים ביציאת אור החכמה מפה דא"ק בהתפשטות הראשונה. ואחר גמר עליית אור החכמה במקום הכתר, קבלו כל התחתונים

---



**ע"ח ש"ו פ"ו מ"ת דכ"ז ע"ב** – וכשעלה יסוד הניח רשימו במקומו. וכשבא האור לו דרך אחוריו הכה בזה הרשימו ונפלו ממנו נצוצין, ונעשה ממנו בחינת כלים של היסוד, ואז אותו הרשימו היה מאיר בכלי זה מרחוק, ולא נכנס בתוכו, והם סוד התגין וכמו שנבאר בע"ה בדרוש הנקודים, עיין שם. וכן עשו כל הספירות, חוץ מכתר שהניח הרשימו לצורך החכמה. אבל לא עשה בחינת כלי, לפי שבשלמא שאר הספירות בהעלותם למעלה על ידי הכאה במה שלמעלה מהם. )נ"א הכאה של הרשימו( היה נעשית בחינת הכלים, אך הכתר לא יש מי שיכה ברשימו שלו )נ"א אותו בעלייתו(, לכן לא נגמר עדיין הכלי שלו, **והרי כי הכתר הניח רשימו ולא כלי. ושאר הספירות הניחו רשימו וכלי. ומלכות הניח כלי ולא רשימו.**

55

את האורות שהפסידו, עם תוספת האורות.[153] **ו**כן אחר גמר עליית אור החכמה במאציל, קבלו כל התחתונים את האורות שהפסידו, עם **תוספת הָאור**ות.[154]

**וכן עַל דרך זֶה היה בבינָה ג' מיני הָסתלקות** נסיעה ראשונה ממקום הבינה למקום החכמה, נסיעה שניה ממקום החכמה למקום הכתר, נסיעה שלישית ממקום הכתר למאציל. ובזמן של כל נסיעה ונסיעה הפסידו התחתונים את האורות שקבלו, ובכל חניה וחניה של אור הבינה קבלו התחתונים את האורות שהפסידו בחזרה, **ו**לכן **יוכפלו** בחינות שבאור הבינה לעשׂ״ע בחינות, ג' בחינות של הסתלקות, וג' בחינות של חזרת האורות. **וכן עַל דרך זֶה**, בכל הספירות.[155] **עַד תשלום חזירת כל עשר אורות בָּשָׂרשָׂם שהוא הָמאציל**,[156] **והוא** (נ״א והַנֶה) בזוינַת הַפֶה דא״ק, כמו שׂביאַרנוּ כי **פה** דא״ק **הוא** (עָנָין) הָשָׂורשׂ שׂלהם.

הרב ז״ל מבאר אחד מהשינוים[157] שיש בן עולם העקודים לעולם האצילות, והוא כי בעולם העקודים[158] יצאו זו״ן ראשונים וקבלו שלמות לפני או״א, לעומת זה בעולם האצילות או״א יצאו לפני זו״ן וקבלו שלמות בערך זו״ן שהם רק

---

153

**כשהנה אור החכמה במקום הכתר מעיקרא:**
המלכות קבלה בחזרה את בחינת אור היחידה הפנימית בחזרה, ותוספת בחינת מקיף דחיה.
ז״א קבל בחזרה את בחינת אור החיה הפנימית בחזרה, ותוספת אור היחידה הפנימית.
הבינה קבלה בחזרה את בחינת אור הנשמה הפנימית, ותוספת אור החיה הפנימית.
והחכמה קבלה את בחינת אור הרוח הפנימי, ותוספת אור הנשמה הפנימי.
154

**כשנעלם אור החכמה במאציל:**
המלכות קבלה בחזרה את בחינת אור החיה והיחידה הפנימית, ובחינת מקיף דחיה, ותוספת בחינת מקיף דיחידה
ז״א קבל בחזרה את בחינת אור הנשמה והחיה והיחידה הפנימית, ותוספת בחינת מקיף דחיה
הבינה קבלה בחזרה את בחינת אור הרוח והנשמה והחיה הפנימית, ותוספת בחינת היחידה הפנימית.
155

לאור החסד היו ד' בחינות של הסתלקות, שהם למקום הבינה, ומשם למקום החכמה, ומשם למקום הכתר, ומשם למאציל. וכן ד' בחינות של חזרת האורות לתחתונים. לאור הגבורה היו ה' בחינות, שהם י'. לאור התפארת ו' בחינות, שהם י״ב. לאור הנצח ז' בחינות, שהם י״ד. לאור ההוד ח' בחינות, שהם ט״ז. לאור היסוד ט' בחינות, שהם י״ח. ולאור המלכות י' בחינות, שהם כ'.
156

**כרם שלמה שׁ״ו פ״ו אות י״ז** – וכדי שלא תטעה שהמאציל המוזכר כאן הוא המאציל העליון שהוא הא״ס, לזה הוצרך לפרש כאן, המאציל שהוא הפה דא״ק, שהוא האציל לאלו העשרה ספירות דעולם העקודים, שהם מן הפה ועד הטבור. כמו שכתוב בשער ההקדמות דט״ז ע״ד וז״ל - ונמצא כי העשרה שורשים הנזכרים, שהם בפה דא״ק, בחינת המלכות שבהם היא אשר האצילה אלו העשר ספירות הנקרא עקודים, והיא נקראת מאציל אליהם, עד כאן לשונו. וזה מה שכתב כאן, כי הוא השורש שלהם.
157

**גמרא פסחים ד״נ ע״א** – כי הא, דרב יוסף בריה דרבי יהושע בן לוי חלש ואיתנגיד, כי הדר, אמר ליה אבוה מאי חזית, אמר ליה, **עולם הפוך ראיתי, עליונים למטה, ותחתונים למעלה**, אמר לו, בני עולם ברור ראית.
158

**כרם שלמה שׁ״ו פ״ו אות י״ח** – וזהו שינוי אחד שיש בעולם העקודים, זה הלשון כבר הובא לעיל בפרק ג', אבל יש בו קצת שינויים, ועכשיו חזר לעיל שכתב שהמלכות היא יוצאה תחילה, ולזה היא קנתה אורותיה

בבחינת ו"ק, ושלמותם היא על ידי המוחין שמקבלים מאו"א, סוגיה זאת מבוארת בפרק ג'[159] דשער זה. **וזהו (נ"א**
**והנה) שינוי אחד שיש בעולם העקודים, מה שאין כן בעולם אצילות, כי**
**בעולם האצילות היו או"א**[160] דאצילות יותר **שלמים** בבחינותהם, יותר **מזו"ן** דאצילות

---

תחילה. וכשיצא הכתר בבחינת נפש, אז המלכות היא על כבר קנתה בחינת נרנח"י פנימים, וז"א קנה עד החיה
הפנימית. וכשעלה הכתר להמאציל ונתיישב שם, אז כבר קנתה עוד בחינת חיה מקפת, וכשעלה החכמה
להמאציל, אז כבר קנתה בחינת מקיף השני, דיחידה, ונמצא עכשיו שבזו"ן כבר קנו האורות שלהם קודם
האו"א. אבל בעולם האצילות, הואיל והכתר יצא תחילה, הוא קנה אורותיו תחילה, וכן אחריו החכמה, ואחריו
הבינה, ואחריו זו"ן. ולזה שם באצילות או"א היו יותר שלמים מזו"ן, כי הזו"ן היו בהם מוחין של ו"ק לבד,
ובעת הזיווג של או"א לצורך הזו"ן, אז מנחילים להם בחינת מוחין של ג"ר, ואז נשלמים בבחינת עשר
ספירות. ולזה שם תמיד או"א הם יותר שלמים מזו"ן, וזהוא שינוי אחד שיש בין עולם העקודים לעולם
האצילות.
159

**ע"ח ש"ו פ"ג מ"ת דכ"ו ע"ג** – והנה כאן בעולם העקודים היו זו"ן גדולים מאו"א. כי זו"ן היו פנים בפנים,
ואו"א היו אחור באחור. והענין כי הנה זו"ן השלימו כל צרכם הצריך להם, שהם ה' אור פנימי וב' מקיפין
קודם שחזרו לעלות במאצילם, מה שאין כן באו"א, כי עדיין לא היו שלימים, שהרי לאבא לא היו רק ג'
פנימים לבד, ובלי שום מקיף. ולאימא לא היה רק ארבע פנימים, ובלי שום מקיף. ועוד כי אפילו קודם
שתחזור שום ספירה להתעלות במאצילה, כבר היה מה שצריך להם אל זו"ן לצורך הזיווג. והענין הוא כי כבר
ידעת כי הזיווג הוא נמשך מן המוחין, שהוא מחכמה ולמטה, וכבר היה לז"א בחינת חכמה, שהוא חיה פנימית
קודם שיתעלה כתר במאציל, שהוא הראשון שחזר קודם כולם. ואף על פי שהמלכות היתה גדולה ממנו, שהיה
לה יחידה פנימית, אין בזה חשש. מה שאין כן באבא, שאין לו בחינת חיה אפילו אחר שמתעלה הכתר אל
המאציל. ואם תאמר למה מה עלו זו"ן במאצילם אחר שכבר היו שלימים, והתשובה כי כל חיותם הוא מאו"א,
וכיון שנסתלקו או"א למעלה, אין זו"ן רוצין להיפרד מהם, וחושקים להדבק ולהתקשר בהם. ועולין אחריהם
לקבל מהם. וגם סבה אחרת כנ"ל כי עיקר חזרה הוא כדי לעשות בחינת כלים, לכן גם הם עלו לסבה זאת.
160

**ע"ח שי"ד פ"ז מ"ב דע"ג ע"ג** – ה' חלוקים יש בין או"א לזו"ן והם מבוארים בזוהר:
**א'** - או"א כחדא נפקין, פירוש שהם שוין בקומתן, מה שאין כן בזו"ן, כי הנוקבא לא יצאת רק אחר שהוא יצא
עד חצי תפארת שבו, ואחר כך יצאה היא משם ולמטה. ובערך זו אמרו כחדא נפקין.
**ב'** - כי או"א אחר התקון כנזכר באדרא היו תמיד פנים בפנים, מה שאין כן בזו"ן, ובערך זה אמרו כחדא
שריין.
**ג'** - כי או"א זווגם תדיר, מה שאין כן בזו"ן, ובערך זה אמרו ולא מתפרשין.
**ד'** - שאו"א לעולם רחמים, כי אפילו בינה שדינין מתערין מינה אינה אלא אחר צאת זו"ן ממנה, אבל בהיותה
למעלה הכל היא רחמים, אבל זו"ן לפעמים הוא רחמים, ולפעמים הוא דין. וזה סוד הנזכר פרשת חיי שרה
דקכ"ג ע"א, ק' שנה, כ' שנה, וז' שנים, כי בכתר ואו"א הם ק"ך שנה, והיינו ק' בכתר, וך', באו"א, הנה הם
כולם בסוד שנה, אך הזו"ן שהם ז"ת, ז' שנים, הנה הם שנים ולא שנה, משום דאית בהו דין ורחמים.
**ה'** - כי באו"א לעולם יש חיבוק, כנזכר בזוהר כתרין רחימין דאינון מתחבקין. עוד יש חילוק אחר והוא כי
או"א חד גופא ממש, מתדבקין דא בדא, והנה כבר הודעתיך שיש ב' מיני זווגים, אחד להוריד נשמות חדשות,
ואחד לתת חיות לעולמות התחתונים. ואמנם הזווג שהוא כדי לתת חיות זה אינו נפסק לעולם מאו"א, כדי שלא
יתבטלו העולמות ח"ו. אבל בזו"ן אפילו הזווג זה נפסק לפעמים. וזה סוד לא ידון רוחי באדם, ר"ל לא ימשוך
רוח חיות העליון באדם. שהוא ז"א לעולם. כי אם ימשוך זה לעולם יאריכו ימים, ויהיו רשעים. אך בראותן
שהם מתים בקצרות שנים, אז על ידי זה יחזרו בתשובה, לכן אין רוח חיות זה נמשך תמיד בז"א.
**ע"ח שער הכללים פ"ב ד"ה ע"ד** – ונחזור לפרש סדר התיקון של הה' פרצופין, והוא כי בריחוק האור תיקן
בא"א תלת רישין. א' נקרא רישא דלא אתיידע. הב' נקרא אין. הג' מוחא סתימאה. ושלשתן נגד כח"ב שבשאר
הפרצופים, כן גם כן כאן ג' רישין נגד כח"ב [ס"א ורדל"א נק' עתיק] ונקרא עתיד סתם, והז' אחרים מחסד עד
מלכות נקרא עתיק יומין. ואלו הם הנשמה ופנימיות של או"א, ובהתפשטותם בא"א הם מתקנים בתחלה

שֶׁאֵינָם כל כך שְׁלֵמִים בִּבְחִינַת עַצְמָן וצריכים תיקון כְּמוֹ שֶׁנִּתְבָּאֵר בִּמְקוֹמוֹ[161] בְּעֵ"ה. אֲבָל[162] בְּעוֹלָם הָעֲקוּדִים זוּ"ן שיצאו ראשונים מפה דא"ק נִתְקְנוּ יוֹתֵר[163] מֵאו"א, וְנִשְׁלְמוּ[164] בִּבְחִינוֹתָן לצורך הזיווג יוֹתֵר מֵהֶם ר"ל מאו"א, וְהוּא כִּי בצאת ספירת כתר דעקודים מפה דא"ק קבלו זו"ן את בחינות המוחין הראוים לזיווג[165] שהם מוחין דגדלות, כאשר המלכות קבלה את בחינת

---

בגלגלתא ז' תיקונים, וסימנם ג"ט, קר"ע, פ"ח, גלגלתא. טלא דבדולחא. קרומא דאוירא. רעוא דעיין. עמר נקי. פקיחא דלא נאים. חוטמא. וכל זה בסוד א"א עם י' תקוני דיקנא שנתפשטו, כנזכר באדרא זוטא. ואלו הז' תיקונים נתפשטו עד מקום אשר היו נקודות המאנין תבירין מתחלה, ואחר שנעשה פרצוף שלם דא"א, נעשו ב' פרצופין דאו"א. וזהו כוונת אדרא זוטא - **כְּחֲדָא נָפְקִין, וּכְחֲדָא שַׁרְיָין, וְלָא מִתְפָּרְשִׁין לְעָלְמִין**. והכוונה שהחכמה ובינה לא נאצלו כמו זו"ן, אשר נוקבא יוצאת מבין חדוי ודרועוי מאחוריו, אך או"א **כְּחֲדָא נָפְקִין** הוא שבעת הלידה יצאו שניהן יחדיו, ולא קדם אחד לחבירו. **וּכְחֲדָא שַׁרְיָין** הוא כי זו"ן אחור באחור, אבל או"א כחדא שריין פנים בפנים. ומה שכתבת **וְלָא מִתְפָּרְשִׁין לְעָלְמִין**, כי זו"ן אי זיווגם תדיר, כמו שכתוב בזוהר פרשת ויקרא, על פסוק אכלו רעים שתו ושכרו דודים, אכלו רעים דא אינון או"א, שתו ושכרו דודים דא אינון זו"ן.
161

**עֵ"ח שַׁ"כ פ"ז דְצַ"ט עַ"א** – אחר כך מתחיל ז"א להגדיל גדלות האמיתי, והוא כניסת הנשמה, והטעם היות נקרא בחינת זו גדלות האמיתי, הוא לפי שעד עתה היה אל הז"א בחינת רוח, אשר כל זה נקרא )בחינת( ז"א, )שהוא( רוח כנודע. אך בבא לו נשמה אז הוא גדלות האמיתי, שגדל ביותר מבחינתו, כי כל שרשו הם ו"ק הנקרא רוח, ועתה נגדל לו ג"ר, שהם בחינת נשמה, וחוזרין להגדיל כלים דז"א בג' בחינת החיצון, ואמצעי, ופנימי, בין בעובי בין בגובה, וזה על ידי הארת הנשמה בהם, בנפש ורוח עצמה, נמצא כי אף על פי שמתחלה גם כן היה לו בחינת מוחין, כיון שעדיין אין בהם רק בחינת הארת נפש בלבד, או הרוח בלבד, שאינם בחינת אור הראוים להם, הרי הוא כאלו אין בהם מוחין, אך עתה שבא הנשמה בתוכם, וגם שנגדלו כנ"ל, לכן נקרא עתה גדלות דמוחין, והבן. וגם כניסת הנשמה זו היא מעט מעט, על דרך הנ"ל ברוח ונפש, ונגדל מעט מעט, וגם בזה הוא ככל הנ"ל בנפש ורוח, כי הם )כח( טפת הזיווג דאו"א ממשיכין טפת חומר וצורה, מבחינת כלים הפנימים שלהם, ומבחינת הנשמה שלהם, ועל ידם מתבררין בירורי ז"א עצמו, מהמלכים שמתו מבחינת הכלים ומבחינת הנשמה. **וּצְרִיךְ שֶׁתֵּדַע כְּלָל אֶחָד** בכל הצלמים דנר"ן ח"י, והוא כי בחינת נפש של הצלם ההוא באה תחלה, ואחר כך רוח דו"ק של הצלם, ואחר כך כל ג"ר ביחד, שהם נשמה חיה יחידה, כי ג"ר חשובות כאחד. אמנם הם נכנסין אחד אחד, שהוא תחלה נכנס הנשמה, אחר כך חיה, אחר כך יחידה.
162

**בֵּית לֶחֶם יְהוּדָה שַׁ"ו פ"ו** – אבל בעולם העקודים זו"ן נתקנו יותר מאו"א, ונשלמו בחינותיהם יותר מהם, והוא כי זו"ן היו פנים בפנים, ואו"א היו אחור באחור. **לֹא זו"ן הָיוּ פָנִים בְּפָנִים, וְלֹא אוֹ"א הָיוּ אָחוֹר בְּאָחוֹר מַמָּשׁ**, שהרי בזמן שמתפשטין האורות למטה, כולם היו פניהם למטה, ונמצא פני העליון כנגד אחורי התחתון. ובחזרתם למעלה, כולם היו פניהם למעלה, ונמצא פני ספירה התחתונה באחורי ספירה העליונה. **אֶלָּא כְּלוֹמַר הָיָה לָהֶם בְּחִינוֹת הָרְאוּיוֹת לְפָנִים בְּפָנִים, אוֹ לְאָחוֹר בְּאָחוֹר**, ועין עוד בסוף פרק ג' דלעיל, ד"ה כבר וכו'.
163

**כֶּרֶם שְׁלֹמֹה שַׁ"ו פ"ו אוֹת י"ז** – ומה שכתב על עולם העקודים, שזו"ן נתקנו יותר מאו"א, ר"ל כבר קנו אורותיהם קודם או"א, וכבר חזרו פנים בפנים קודם או"א, וזהו פירוש **יוֹתֵר**. ובאמת נקראים יותר נפני שבאותה שעה שהיו לזו"ן כמו דרך משל נרנ"חי הפנימים, לא היו לאו"א כי אם ג' בחינות שהם נר"ן או נרנ"ח, ולזה נקרא שנתקנו יותר. אבל פשט הענין פירושו הוא, שנתקנו קודם או"א.
164

**כֶּרֶם שְׁלֹמֹה שַׁ"ו פ"ו אוֹת י"ח** – ומה שכתב עוד, ונשלמו בחינותן יותר מהם, פירוש בחינותן הצריכין לצורך הזיווג, כמו שכתב אחר כך, והוא עד חיה הפנימית, ופשוט.
165

היחידה הפנימית, וז"א את בחינת החיה הפנימית. לכן זו"ן **הִיוּ** עומדים **פָּנִים בְּפָנִים** והיו להם את כל הבחינות

הצריכים אל הזיווג. לעומת זו"ן, כאשר יצא כתר דעקודים מפה דא"ק, הבינה קבלה את בחינת הנשמה הפנימית,

והחכמה את בחינת הרוח הפנימי, וּמפני שלא קבלו או"א עדיין מוחין דגדלות, הנקראים מוחין דחיה, לכן **אוֹ"א הָיוּ**

עומדים[166] **אָזוֹר בְּאָזוֹר.**

כִּי הִנֵּה נוֹדָע כִּי טִפַּת זִווּג שֶׁל הַזָּכָר הִיא נִמְשֶׁכֶת מִן הַמּוֹחִין שֶׁבּוֹ, וְהוּא

נְשָׁמָה לַנְּשָׁמָה והיא בחינת החיה הפנימית. וְהִנֵּה קוֹדֶם שֶׁיּחזְרוּ לעלות ולהשתלם **כָּל** אור של כל

סְפִירָה וּסְפִירָה מהספירות דעקודים, **וַאֲפִילוּ** לפני שעלה אור הַכֶּתֶר הָעֶלְיוֹן דעקודים לַעֲלוֹת

בַּמַּאֲצִיל, כְּבָר הָיוּ לְזוֹ"ן כדי צורכם אֶל הַזִּוּוּג, שֶׁיּוּכְלוּ לְהִזְדַּוֵּוג. כִּי הִנֵּה

לְזֹ"א כְּבָר הָיָה לוֹ בְּזוִֹינַת מוחין דזויה פנימית כַּנִּזְכָּר לְעֵיל, שֶׁהוּא זִכְמָה שֶׁבּוֹ.

גַּם הַמַּלְכוּת כְּבָר הָיְתָה בָּה עוֹד יִתְרוֹן אָזוֹר על ז"א, שֶׁהָיְתָה בָּה בְּזוִֹינַת מוחין

דיזוזידה הפנימית וְעַל יְדֵי כֵן הָיוּ יְכוֹלִין לִהְיוֹת זו"ן **מֵאָז** יציאתם מפה דא"ק בהתפשטות

הראשונה עומדים **פָּנִים בְּפָנִים** ויכולים להזדווג.

---

כאשר המלכות יצאה מפה דא"ק, יצאה בבחינת נפש, והיא בחינת עיבור. כאשר ז"א יצא מפה דא"ק, הוא יצא

בבחינת נפש, והיא בחינת עיבור, והמלכות קבלה את בחינת הרוח, והיא בחינת יניקה. כאשר הבינה יצאה מפה

דא"ק, המלכות קבלה את בחינת הנשמה, והיא בחינת גדלות א', וז"א קבל את בחינת הרוח, והיא בחינת יניקה.

כאשר החכמה יצאה מפה דא"ק, המלכות קבלה את בחינת החיה, והיא בחינת גדלות ב', וז"א קבל את בחינת

הנשמה, והיא בחינת גדלות א'. וכאשר הכתר יצא מפה דא"ק המלכות קבלה את בחינת היחידה, והיא בחינת

גדלות ג', וז"א קבל את בחינת החיה, והיא בחינת גדלות ב'. יוצא שלמלכות יש את כל בחינת הנרנח"י

הפנימיים, ולז"א יש את בחינות הנרנ"ח הפנימיים, ובבחינות אלו מספיקים לזיווג, ויותר.

**תרשים ו – ל"ה.**

166

כאשר אבא עלה למקום הכתר מעיקרא, וקנה את בחינת הנשמה, והוא בעל ג' אורות נר"ן פנימיים, לכן אבא

עדיין באחור. לעומת אבא, אימא עלתה למקום החכמה מעיקרא, וקנתה את בחינת החיה, והיא בעלת ד' אורות

נרנח"י ועומדת בבחינת הפנים. לכן אבא ואימא עומדים אחור בפנים. ר"ל אחורי אבא בפנים דאימא.

**ע"ח שי"א פ"ז מ"ת דנ"ד ע"א** – אמנם בכאן נתבאר מאו"א ולמטה מה ענינם, ותחלת הכל נקדים לך

הקדמה אחת, והוא כי בכל בחינה שיש זכר ונקבה יש ד' בחינות, וזה סדרן לפי מעלתן ממש מלמטה למעלה,

תחלה היא מדרגת **אחור באחור**, פירוש שיהיו זו"ן אחורייהם דבוקים זה לזה, והפוכים אחור נגד אחור.

למעלה מזה מדרגה ב', והוא שיהיו **אחור בפנים** שיהיה הפוך הזכר אחוריו נגד פני הנקבה, ואז יש מעלה בזה

שמקבלת הנוקבא מהזכר דרך הפנים. אבל עדיין אינה מקבלת רק אור של אחוריים מהזכר, ואינה יכולה לקבל

אור הפנים שלו. למעלה מזה מדרגה ג' המעולה ממנו, והוא **פנים באחור** שפני הזכר מביטים באחורי הנקבה,

ובזה יש מעלה יתירה שמקבלת הנקבה אור הפנים ממש, אלא שלהיות אור גדול אינה מקבלתו אלא דרך אחור

שלה, ואז שם מתעבה האור, וכאשר יתעבה יוכל אחר כך האור לילך דרך אחור ולהגיע עד הפנים שלה, ואז

תוכל לקבלו, וזה סוד הפסוק חכם באחור ישבחנה, כי כאשר החכמה שהוא זכר יפנה בפניו בפניו אל אחורי הנוקבא,

שהיא בינה, ישבחנה יותר ממה שהיה )בעת( בהיות להיפך, אחורי הזכר בפני הנקבה. מדרגה ד' למעלה

מכולם הוא **פנים בפנים**, פירוש שניהן זכר ונקבה פונים פניהם זה לזה, ומדרגה זו היא תכלית השלימות. ודע

כי באו"א היו בהם ג' מדרגות הנזכר שהם אחור באחור, ופנים באחור, ופנים בפנים, וחסר מהם מדרגה ב'

שהיא אחור בפנים, אבל בזו"ן היו ארבעתן כולם.

**וְאַף עַל פִּי** שֶׁבסיום ההתפשטות הראשונה, ויציאת הכתר מפה דא"ק **הָיָה יִתְרוֹן לְמַלְכוּת מִן הַזֹּ"א** והיא שלימה בכל חמשה בחינות דנרנח"י הפנימים, ולז"א היה ארבעה אורות נרנ"ח פנימיים, **אֵין בָּהּ זוּעֲשַׁעַ** שמונע את הזיווג דזו"ן, שהרי מספיקים לז"א מוחין דחיה לחזור לחיה פנים בפנים ולהתייחד.

**וְלֹא עוֹד** שזו"ן היו יותר שלמים מאו"א בעולם העקודים, **אֶלָּא שֶׁאֲפִילוּ קוֹדֶם שֶׁזוּ"ן**[167] **עֲצָם יַעֲלוּ אֶל הַמַּאֲצִיל** כדי להשתלם, ואפילו לפני שעלה אור הכתר למאציל **כְּבָר הָיוּ זוּ"ן שְׁלֵימִים בְּכָל בְּחִזיּנוֹת הָרָאוּי לָהֶם וְהַמִּצְטָרְכִים לָהֶם** לזיווג, שהם בחינת אורות דחיה ולמטה, כי לזיווג לא צרכים את המקיפין.

וכאשר חזרו האורות   דכתר וחכמה ובינה למאציל, היו זו"ן שלמים בתכלית השלמות,   **שֶׁהֵם זוּמַשַׁה בְּחִזיּנוֹת** נרנח"י **פָּנִימִים, וּבַ'** מקיפין, **מַקִּיף דְיָזִידָה** ומקיף דזיוה, **וּמִכֹּל שֶׁכֵּן** לפני שֶׁחזר אפילו אור הכתר למאציל **הָיָה לָהֶם** את **כָּל מַה שֶׁצְּרִיכִים לָהֶם** ר"ל לזו"ן, כדי **שֶׁיּוּכְלוּ לַחֲזוֹר פָּנִים בְּפָנִים** ולהזדווג, **שֶׁהֵם**[168] **מִבְּחִזיּנֹת** המוחין דזיוה הפנימית ולמטה, כנ"ל. **אָמְנָם אוֹ"א** דעקודים **אֲפִילוּ שֶׁכְּבַר** התחילו האורות להסתלק ולעלות למאציל כדי להשתלם, **וְאוֹר הַכֶּתֶר** שהוא הראשון שׁחזר **לַעֲלוֹת בַּמַּאֲצִיל**, עדיין **לֹא הָיָה בָּאַבָּא בְּחִזיּנַת זֹחכמה שֶׁבּוֹ, שֶׁהוּא** בחינת **הַזִּיוָה** ולאבא היה בחינת נר"נ פנימיים, ולאימא נרנ"ח פנימיים, ולכן עומדים או"א אחור באחור, **(נ"א נִמְצָא) וּמִכֹּל שֶׁכֵּן שֶׁלֹּא הָיוּ** או"א **שְׁלֵימִין בְּכָל בְּחִזיּנוֹת הַמִּצְטָרְכִים לָהֶם, שֶׁהֵם זוּמַשַׁה** אורות נרנח"י **פָּנִימִיים וּבַ'** אורות דחיה ויחידה **מַקִּיפִים**. כי לאבא גם **אֲזוֹר תַּכְלִית שְׁלֵימוּתוֹ** בעולם העקודים **הָיָה לוֹ רַק גַ'** בחינות **מֵהֶם**, שהם **נר"ן פָּנִימִים**, וחסר לו בחינת החיה והיחידה הפנימית, ומקיפי חיה ויחידה. **וְלְאִימָא הָיוּ אַרְבָּעָה** בחינות, שהם נרנ"ח **פָּנִימִיים** לפני שעלה אור החכמה במאציל, **וְזֹחסר מִמֶּנָּה בְּחִזיּנֹת יְזֹחידָה הַפָּנִימִים, וּבַ' מַקִּיפִים** דחיה ויחידה. **וְכֵיוָן שֶׁעֲדַיִין אַבָּא לֹא הָיָה לוֹ בְּחִזיּנַת הַזִּיוָה** הפנימית כדי **לְהוֹצִיא טִפַּת הַמּוּזֹחִין לְזֹחווּג**, ולא יכול לחזור פנים בפנים עם אימא לכן **נִשְׁאֲרוּ** או"א **אָזוֹר בְּאָזוֹר**.

קושיה זאת מבוארת בפרק ג'[169] דשער זה **וְאִם**[170] **תִּשְׁאַל וְתֹאמַר מֵאָזוֹר שֶׁזוּ"ן הָיוּ אוֹרוּתֵיהֶן שְׁלֵמִין בְּכָל בְּחִזיּנוֹתָם** שהם נרנח"י פנימים, ומקיפי דחיה ויחידה, **לָמָּה עַלוּ** זו"ן **אָזוֹר כָּךְ**

---

167

**הגהות וביאורים )ב(** – א"ה בספר כתב יד כתוב או"א במקום שזו"ן, ובשער הקדמות הוא ככתוב בפנים.
168

**בית לחם יהודה ש"ו פ"ו** – שהם מבחינה חיה ולמטה. היינו חיה פנימית שהיא לצורך הזווג, כמו שכתוב לעיל מזה - והנה קודם שחזרו וכו'.
169

אל המאציל, ללא צורך. **והענין הוא שכל זויותם ושלימותם** של זו"ן **הוא נמשך להם מאו"א כנודע** ומאו"א הם מקבלים את שפע המוחין שלהם. **וכיון שנתרזקו מהם או"א, ועלו למעלה** במאציל להשתלם, **עלו גם הם** ר"ל זו"ן **אזזריהם, כי הוזשק במקבלים** תמיד **לרדוף ולהדבק במאצילם** שהוא הבחינה שמעליהם הנותנת להם שפע ומוחין, **ורוצים להתקרב ולקבל מהם, ולא רצו** זו"ן **להפרד מן או"א שעלו למעלה** במאציל, **כדי שלא ישארו רזזוקים מהם.**

הרב ז"ל מביא עוד סיבה לעליית זו"ן[171] במאציל, יש[172] **עוד**[173] **טעם אזזר** לסיבת עליית זו"ן במאציל **כנזכר לעיל**[174] אפילו שהם בתכלית השלמות, והוא **כי** כל **סיבת זזזרת האורות האלו**

---

**ע"ח ש"ו פ"ג מ"ת דכ"ו ע"ג** – ואם תאמר למה עלו זו"ן במאצילם אחר שכבר היו שלימים, והתשובה כי כל חיותם הוא מאו"א, וכיון שנסתלקו או"א למעלה, אין זו"ן רוצין להפרד מהם, וחושקים להדבק ולהתקשר בהם, ועולין אחריהן לקבל מהם. וגם סבה אחרת כנ"ל כי עיקר חזרה הוא כדי לעשות בחינת כלים, לכן גם הם עלו לסבה זאת.
170

**כרם שלמה ש"ו פ"ו אות כ'** – ואם תשאל ותאמר וכו'. ר"ל כפי הטעם הנ"ל שעליית האורות להמאציל, היתה כדי להשתלם החמש בחינות הנרנח"י פנימים וה' מקיפים, מפני שיצאו בתחילה חסרים מהבחינות האלו, והלא כבר זו"ן נשלמו באלו הבחינות מעת עליית החכמה והבינה להמאציל. אם כן למה הוצרכו הזו"ן לעלות להמאציל, והלא כבר היו שלמים בכל בחינותיהם, שהם ה' פנימים וב' מקיפים, לזה תירץ כיון שכל חיותם נמשך תמיד מן או"א, בין קודם שנשלמו, בין אחר שנשלמו, ולזה אף על פי שאין צריכים עוד מדרגות לקנות, עולים שם כדי לקבל מן או"א חיות הצריך להם לצורך ההעמדה של הבחינה שיש להם, שהם ה' פנימים וב' מקיפים.
171

**ע"ח ש"ו פ"ג מ"ת דכ"ו ע"ג** – וגם סבה אחרת כנ"ל כי עיקר חזרה הוא כדי לעשות בחינת כלים, לכן גם הם עלו לסבה זאת.
172

**כרם שלמה ש"ו פ"ו אות כ"א** – עוד טעם אחד וכו'. ר"ל ועוד נוסף טעם למה כלו הזו"ן להמאציל, והלא כבר היו שלמים, אלא הטעם הוא כי בלאו הכי אף על פי שהיו שלמים, אין צריך לומר שעלו בשביל שלמות שלהם, אלא **בשביל שיתרחקו מן הכלים שלהם**. ויתעבו הכלים שלהם, ויהיו בחינת כלים ממש. וזולת זה, פירוש כי בעודם עדיין קרובים עם האורות העב שלהם, שהם העתידים להיות כלים, אז אין מתעבה הכלי שלהם, ולא נגמר להיות כלי בעוד האורות הזכים קרובים אליו. לזה עלו להמאציל כדי להתרחק מן הכלים שלהם, ויהיו בחינת כלים, וזה מה שכתב גם הם עלו לצורך בנין כליהם, פירוש כדי שיוכלו להתעבות ולהיגמר בחינת בנין כליהם, וזה הגמר קרי ליה הכא בנין, ופשוט.
173

**בית לחם יהודה ש"ו פ"ו** – עוד טעם אחר כנ"ל. משום דלטעם האחד קשה, דאמאי הוצרכו זו"ן לעלות למאציל, ולא הספיק שיעלה החסד לבדו במקום הכתר, שאז יהיה מקבל האור מהמאציל עצמו, מה שהיה מקבל תחלה מאו"א, וכענין מה שכתב בעליית המלכות ליסוד, שאז היתה מקבלת מהמאציל, כל מה שהיה לה בתחלה. אבל לטעם השני ניחא, כי הוכרחו לעלות למאציל, מפני תיקון כלי הכח"ב, לפי שאי אפשר ליגמר הכלים דכח"ב, כל זמן שיש בהם אור, אפילו של ספירות אחרים, וכמבואר בשער הקדמות דף ד' ע"ג וז"ל - ודע כי כל הכלים האלו לא נתעבו ונתהוו כלים, אלא אחר הסתלקות אור המלכות, אשר אז הופך פניו מן הכלי, לפי שאף על פי שאור העליון של כלי הכתר נסתלק מתוכו, ועלה אל המאציל, כיון שעלה במקומו אור החכמה, אין כלי הכתר מתעבה ונגשם, וכן על דרך זה שאר האורות, יעו"ש. ולפי זה מה שכתב הכא, גם הם

דעקודים **במאצילם, היו**, צ"ל היה **כדי ש**האורות הזכים דעקודים **בעודם מסתלקים** מתוך האור העב והגס, ועולים למאציל **יוכלו הכלים** דעקודים, שהם האור העב והגס הנשאר בגבול עולם העקודים **להתעבות** (נ"א להעשות) **ולגמור מלאכתם** ויעשו כלים גמורים, כי כל עוד האור הזך קרוב לאור העב והגס, אי אפשך לאור העב והגס להתעבות, **ועל כן גם אורות זו"ן** הנמצאים בכלים דכח"ב, והכלים דחג"ת ונצח **גם הם עלו לצורך בנין כליהם** של זו"ן, והכלים דכח"ב דעקודים[175].

---

עלו לצורך בנין כליהם וכו', צ"ל לצורך בנין הכלים. וקאי על הכלים דכח"ב. ועיין עוד בנוסח הלשון שכתב רז"ל בסוף פרק ג' דלעיל.
174

**ע"ח ש"ו פ"ג מ"ת דכ"ה ע"ד** – והענין הוא כי בודאי שבחינת הכלים היה בכח, אף כי לא היה בפועל בתוך האור, כי היה בבחינת האור היותר עב וגס, רק שהיה בו מחובר בעצם היטב, ולכן לא נגלה בחינתו. כי )נ"א אבל( כאשר יצא האור דרך הפה ולחוץ, **יצא הכל מעורב יחד**, וכשחזרו לעלות ולהשתלם כנ"ל, אז ודאי על ידי יציאת האור חוץ לפה, הנה אותו אור בחינת הכלים שהוא יותר עב, קנה עתה עביות יותר, ועל ידי כך לא יוכל לחזור גם הוא למקורו כבראשונה, ונתפשט האור הזך ממנו ועלה למקורו כנ"ל. **ואז נתוסף באור עב כנ"ל עביות יותר על עוביו**, ואז נגמר ונשאר בחינת כלי.
175

האורות דז"א והמלכות הנמצאים בכלים דכח"ב דעקודים צריכים להסתלק משם על מנת שכלים אלו התעבו, אפילו אם רק אור המלכות נמצא בכלי הכתר, לא יוכל כלי הכתר להתעבות, וכדי שיתעבו הכלים דעקודים צריכים כל האורות להסתלק מהם, ולכן האורות דזו"ן הסתלקו ועלו למאציל, כדי שכל הכלים דעקודים התעבו.

**שער ההקדמות, דרוש כיצד נעשו הכלים** – ודע כי כל הכלים האלו לא נתעבו ונתהוו כלים, **אלא אחר הסתלקות אור המלכות**, אשר אז הופך פניו מן הכלי. לפי שאף על פי שאור העליון של כלי הכתר מסתלק מתוכו, ועלה אל המאציל, כיון שעלה במקומו אור החכמה, אין כלי הכתר מתעבה ונגשם. וכן על דרך זה בכל שאר האורות. ונמצא כי כיון שנתבאר למעלה בדרוש הקודם לזה, כי אור הכתר של העקודים מסתלק ראשון לכולם, ואור המלכות מסתלק אחרון מכולם. נמצא כי אין מתחיל להיות נעשה בחינת כלי, אלא מלמטה למעלה, וכלי המלכות קודם ליעשות תחלת כולם, לפי שכיון שאור המלכות מסתלק באחרונה, הנה בהיותם מסתלקת מתוך הכלי שלה שלה עצמה, אין הכלי מתעבה כנזכר לעיל, עד שיגמר הסתלקותה לגמרי מכל הכלי שלה, ואז התשעה כלים עליונים עדיין יש בהם אור, אף על פי שאין לשום אחד מהם חלק בחינת האור המגיע לחלקו ממש כנזכר, ולכן אינם מתעבים ונגשמים.

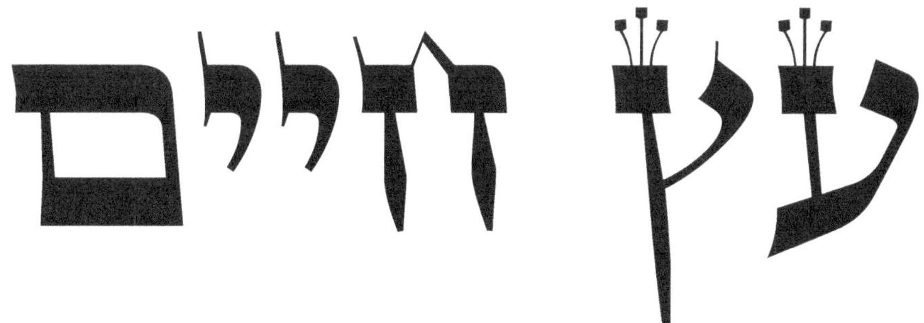

# עֵץ חַיִּים

## לְרַבֵּינוּ חַיִּים וִיטַאל

שֶׁקִּיבֵּל מִמָרַן הָאֲרִ"י זַלֲהֹ"ה

# שַׁעַר ו'

## שַׁעַר הָעֲקוּדִים

# פֶּרֶק ו'

חֵלֶק הַתַּרְשִׁימִים טַבְלָאוֹת וְצִיּוּרִים

שֶׁמִזֹּאת חַיִּים

### הקדמה קצרה

דע כי כל התרשימים הציורים והטבלאות, הם אך ורק לשכך את האוזן, ולשבר את העין. וכל הציורים הם לא שלמים.

כתב הרי"ח הטוב ברב פעלים ח"ב בסוד ישרים ה' - אך דע לך כי סדר התלבשות המחצבים שכתב מהרח"ו בשערי קדושה עד עולם הזה שאנחנו עומדים בו. וכן סדר התלבשות הפרצופים אשר בכל מחצב ומחצב, וסדר התלבשות העולמות זה בזה, והיושר והעיגולים, לא אית אינש דכיל למנלע רזא דנא, איך היא עשוי, איך הוא עומד, ולא אפשר לשכל אנושי לצייר כל הנזכר על אמתיתם, ועל בוריין מפני כי שכל האנושי בהיותו עצור ומונח בגוף גשמיי, אי אפשר לי להשיג דבר רוחני, והוא זה דומה לאדם סומא מן הבטן שלא ראה מאורות מימיו, דודאי אי אפשר לו לצייר מראות השמש והירח הנראין לעיני הבריות, וכל שכן מה שיש למעלה למעלה.

וכן כתב ברב פעלים ח"א בסוד ישרים א' - סוף דבר הכל נשמע, ה' אחד ושמו אחד, ואין לו גוף ולא דמות הגוף, ואין לו שום ציור, ותמונה ודמיון כלל ועיקר, וגם כל העולמות וספירות הקדושים למעלה אין להם ציור ודמיון של גופים האלה כלל, ואין מי שיוכל לידע איך הוא עמידתם וסדרם, ואיך עומדים עולמות היושר ועולמות העיגולים, ואיך מתחברים זה עם זה, ואיך נמשך השפע מזה לזה, ואיך הוא תוארם ומראיהם, ואיך הוא מהות השפע המחיה אותם, ומקיים אותם, וכמה הוא שיעור אורכם וגובהן ורחבם, ואיך הם נכללים זה בזה, ומלבישים זה לזה, כי בכל זאת אין שום שכל אנושי יוכל לדעת, ולהבין, ולהשיג, כלל ועיקר.

הרב ז"ל כתב בשער אח"פ תחילת פ"א וז"ל - כבר ידעת כי אין בנו כח לעסוק קודם אצילות עשר ספירות, ולא לדמות שום דמיון וצורה כלל ח"ו, אך לשכך האזן, אנו צריכים לדבר דרך משל ודמיון, לכן אף אם נדבר במציאות ציור שם למעלה, אין הדבר רק לשכך האזן. אמנם דע כי עשר ספירות דאצילות הם שתי ענינים. האחד הוא התפשטות הרוחניות, והשני הוא כלים ואברים אשר העצמות מתפשט בהם. והנה צריך שיהיה לכל זה שורש למעלה לשתי בחינות אלו, ולכן צריכין אנו לדבר בסדר המדרגות מראש עד סוף, והנה נתחיל ונאמר כי הלא הא"ס ב"ה אין בו שום ציור כלל ח"ו כמבואר.

הרב ז"ל כתב בשער טנת"א פ"א - והנה אף על פי שאנו מכנים וקוראים כאן כנויים אלו כגון אדם ראש אזנים וכיוצא אינו רק לשכך האזן לשיובנו הדברים לכן אנו מכנים כנויים אלו במקום גבוה, עד כאן לשונו.

וכן הרמ"ק בפרדס רימונים ש"ו פ"א - וציירו להם המקובלים צורות ביריעות גדולות וקראום אילן. הרב ז"ל כתב בסוף ש"ה פ"ד וז"ל - ואמנם דבר גלוי הוא כי אין למעלה גוף ולא כח גוף חלילה. וכל הדמיונות והציורים אלו לא מפני שהם כך חס ושלום. אמנם לשכך את האוזן לכשיוכל האדם להבין הדברים העליונים הרוחניים בלתי נתפסים ונרשמים בשכל האנושי, לכן ניתן רשות לדבר בבחינת ציורים ודמיונים, כאשר הוא פשוט בכל ספרי הזוהר. וגם בפסוקי התורה עצמה כולם כאחד עונים ואומרים בדבר הזה כמו שאמר הכתוב עיני ה' המה משוטטים בכל הארץ. עיני ה' אל צדיקים. וישמע ה'. וירח ה'. וידבר ה'. וכאלה רבות וגדולה מכולם מה שאמר הכתוב ויברא אלהים את האדם בצלמו בצלם אלהים ברא אותו זכר ונקבה וגו'. ואם התורה עצמה דברה כך גם אנחנו נוכל לדבר כלשון הזה, עם היות שפשוט הוא שאין שם למעלה אלא אורות דקים, בתכלית הרוחניות, בלתי נתפשים שם כלל, וכמו שאמר הכתוב כי לא ראיתם כל תמונה, וכאלה רבות.

ואמנם יש עוד דרך אחרת כדי להמשיך ולצייר בה הדברים העליונים, והם בחינת כתיבת צורת אותיות, כי כל אות ואות מורה על אור פרטי עליון, וגם תמונת זו דבר פשוט הוא כי אין למעלה לא אות, ולא נקודה, וגם זה דרך משל וציור לשכך את האזן כנזכר. ולכן נבאר עתה ההקדמה הנזכר על דרך ציור האותיות גם כן ובבחינת ציורים אלו, הן ציור האדם, והן ציור אותיות, שתיהן מוכרחים להבין ענין האורות העליונים, כאשר תראה ספרי הזוהר בנויים על שתי בחינות הציורים האלה, עד כאן לא.

ולכן גם אנחנו הרשינו לעצמינו לצייר ציורים, תרשימים וטבלאות, אך ורק כדי לשכך את האוזן, ולשבר את העין, כדי להבין את הסוגייה.

אח"י

## סדר שמות שמות ההיכלות והשערים בעץ חיים

| שם היכל | שער | שם השער | א | ב | ג | ד | ה | ו | ז | ח | ט | י | יא | יב | יג | יד | טו |
|---|---|---|---|---|---|---|---|---|---|---|---|---|---|---|---|---|---|
| **אדם קדמון** | א | עיגולים ויושר | א | ב | ג | ד | ה | | | | | | | | | | |
| | ב | השתלשלות י"ס דרך עגו' | א | ב | ג | | | | | | | | | | | | |
| | ג | סדר אצילות למהרח"ו | א | ב | ג | | | | | | | | | | | | |
| | ד | אח"פ | א | ב | ג | ד | ה | | | | | | | | | | |
| | ה | טנת"א | א | ב | ג | ד | ה | ו | ז | | | | | | | | |
| | ו | **עקודים** | א | ב | ג | ד | ה | ו | ז | ח | | | | | | | |
| | ז | מטי ולא מטי | א | ב | ג | ד | ה | | | | | | | | | | |
| נקודים | ח | דרושי נקודות | א | ב | ג | ד | ה | ו | | | | | | | | | |
| | ט | שבירת הכלים | א | ב | ג | ד | ה | ו | ז | ח | | | | | | | |
| | י | תיקון | א | ב | ג | ד | | | | | | | | | | | |
| | יא | מלכים | א | ב | ג | ד | ה | ו | ז | ח | ט | י | | | | | |
| הכתרים | יב | עתיק | א | ב | ג | ד | ה | | | | | | | | | | |
| | יג | א"א | א | ב | ג | ד | ה | ו | ז | ח | ט | י | יא | יב | יג | יד | |
| או"א | יד | או"א | א | ב | ג | ד | ה | ו | ז | ח | ט | י | | | | | |
| | טו | זווגים | א | ב | ג | ד | ה | ו | | | | | | | | | |
| | טז | הולדת או"א וזו"ן | א | ב | ג | ד | ה | ו | ז | | | | | | | | |
| ז"א | יז | ז"א | א | ב | ג | ד | | | | | | | | | | | |
| | יח | רפ"ח נצוצין | א | ב | ג | ד | ה | ו | | | | | | | | | |
| | יט | אב"ן | א | ב | ג | ד | ה | ו | ז | ח | ט | י | | | | | |
| | כ | המוחין | א | ב | ג | ד | ה | ו | ז | ח | ט | י | יא | יב | | | |
| | כא | לידת המוחין | א | ב | ג | | | | | | | | | | | | |
| | כב | מוחין דקטנות | א | ב | ג | | | | | | | | | | | | |
| | כג | מוחין דצלם | א | ב | ג | ד | ה | ו | ז | ח | | | | | | | |
| | כד | פרקי הצלם | א | ב | ג | ד | ה | ו | ז | | | | | | | | |
| | כה | דרושי הצלם | א | ב | ג | ד | ה | ו | ז | ח | | | | | | | |
| | כו | צלם | א | ב | ג | ד | | | | | | | | | | | |
| | כז | פרטי עי"מ | א | ב | ג | ד | | | | | | | | | | | |
| | כח | עיבורים | א | ב | ג | ד | ה | | | | | | | | | | |
| | כט | נסירה | א | ב | ג | ד | ה | ו | ז | ח | ט | | | | | | |
| | ל | פרצופים | א | ב | ג | ד | ה | ו | ז | | | | | | | | |
| | לא | פרצופי זו"ן | א | ב | ג | ד | ה | | | | | | | | | | |
| | לב | הארת המוחין | א | ב | ג | ד | ה | ו | ז | ח | ט | | | | | | |
| | לג | אונאה | א | ב | ג | ד | ה | | | | | | | | | | |
| נוק' דז"א | לד | תיקון הנוקבא | א | ב | ג | ד | ה | ו | ז | | | | | | | | |
| | לה | הירח | א | ב | ג | ד | ה | | | | | | | | | | |
| | לו | מעוט הירח | א | ב | ג | ד | | | | | | | | | | | |
| | לז | יעקב ולאה | א | ב | ג | ד | ה | | | | | | | | | | |
| | לח | לאה ורחל | א | ב | ג | ד | ה | ו | ז | ח | ט | | | | | | |
| | לט | מ"ן ומ"ד | א | ב | ג | ד | ה | ו | ז | ח | ט | י | יא | יב | יג | יד | טו |
| | מ | פנימיות וחצוניות | א | ב | ג | ד | ה | ו | ז | ח | ט | י | יא | יב | יג | יד | טו |
| | מא | חשמל | א | ב | ג | | | | | | | | | | | | |
| אבי"ע | מב-א | דרושי אבי"ע | א | ב | ג | ד | ה | ו | ז | ח | ט | י | יא | יב | | | |
| | מב-ב | כללות אבי"ע | א | ב | ג | ד | | | | | | | | | | | |
| | מג | ציור עולמות אבי"ע | א | ב | ג | ד | | | | | | | | | | | |
| | מד | שמות | א | ב | ג | ד | ה | ו | ז | | | | | | | | |
| | מה | מקיפין | א | ב | ג | ד | | | | | | | | | | | |
| | מו | כסא הכבוד | א | ב | ג | ד | ה | ו | | | | | | | | | |
| | מז | סדר אבי"ע | א | ב | ג | ד | ה | ו | | | | | | | | | |
| | מח | קליפות | א | ב | ג | ד | | | | | | | | | | | |
| | מט | קליפת נוגה | א | ב | ג | ד | ה | ו | ז | ח | ט | | | | | | |
| | נ | קיצור אבי"ע | א | ב | ג | ד | ה | ו | ז | ח | ט | י | | | | | |

# תרשימים שׁער ו' פרק ו'

<u>טבלת ערכים</u>

| עולמות | אדם קדמון | אצילות | בריאה | יצירה | עשיה |
|---|---|---|---|---|---|
| פרצופים | ע"י וא"א | אבא | אמא | ז"א | נוקבא |
| ספירות | כתר | חכמה | בינה | חג"ת נה"י | מלכות |
| הוי"ה | קוץ של י' | י | ה | ו | ה |
| אורות | יחידה | חיה | נשמה | רוח | נפש |
| מילוי | שורש הוי"ה | ע"ב - יוד הי ויו הי | ס"ג - יוד הי ואו הי | מ"ה - יוד הא ואו הא | ב"ן - יוד הה וו הה |
| טנת"א | שורשים | טעמים | נקודות | תגין | אותיות |
| נקודות | קמץ | פתח | צרי | סגול, שוה, חולם חיריק, קבוץ, שורוק | אין ניקוד |
| אדם | גולגולתא | מוח ימין | מוח שמאל | גוף וברית | עטרת היסוד |
| מל"צ | מ - מקיף, יחידה | ל - מקיף, חיה | מוח | לב | כבד |
| שגגל"ה | שורש | נשמה | גוף | לבוש | היכל |
| י"ב פרצופים | עו"נ ואו"ן | או"א עלאין | ישסו"ת | זו"ן | יעו"ר |
| כל צמא | אורות | מוחין | צלמים | לבושים | כלים |
| אברים | מוח | עצמות | גידין | בשר | עור |
| חושים | מוח | ראיה | שמיעה | ריח | דיבור |
| מחצבים | א"ס | ספירות | נשמות | מלאכים | חושך |
| צלם | מ' מקיף ב' | ל' מקיף א' | צ' מוח | צ' לב | צ' כבד |
| דחצ"מ | אלוקות | מדבר | חי | צומח | דומם |
| יסודות | יולי | מים | אש | רוח | עפר |
| רקיעים | ערבות | ערבות | ערבות | מכון, מעון, זבול שחקים, רקיע | וילון |
| גלגלים | גלגל השכל | גלגל היומי | מזלות | ככבים | לבנה |
| היכלות | קודש קודשים | קודש קודשים | קודש קודשים | אהבה, זכות, רצון, עצם השמים, לבנת הספיר | לבנת הספיר |
| מילוי הוי"ה |  | מו - וד י יוד י | לז - וד י או י | יט - וד או א | כו - וד ה ו ה |
| אהי"ה |  | קס"א - אלף הי יוד הי | קס"א - אלף הי יוד הי | קמ"ג - אלף הא יוד הא | קנ"א - אלף הה יוד הה |

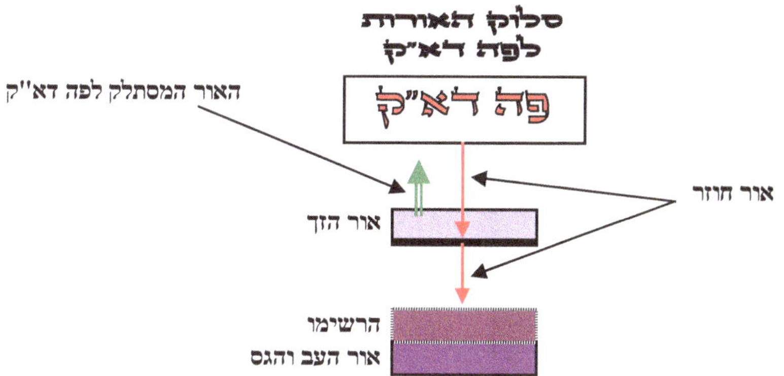




## סידור תפלה להרש"ש    עא

ולהמשיך עוד ט"ס עם הנקודה שבה נשלם כתר שלה ליים מאחורי כ"ם דת"ת דז"א.
(א) להמשיך חלק הד' דחסד דת"ת לכתר שלה (ב) ולהמשיך סיום הנה"י חדשים
דיסמו"ת לתוך כתר שלה ולהמשיך הארת המוחין דאימא שבכתר דז"א.

אט    אֶהְיֶה
יְהֹוָה

אהיה    איהויהדו אודהויהדו    אהיה
יהוה    יודהוודהו יודהוודהו    יהוה

רביע הרביעי. יְהֹוָה
כתר דרחל
יוד הא ואו הה
יוד יוד הא יוד הא ואו יוד הא ואי הה
יה יהו יהוה
ומשם לכתר דרחל
יהוה יְהֹוָה
דעת דרחל
יוד הה וו הה
יוד יוד הה יוד הה וו יוד הה וו הה
יוד יוד הא יוד הא ואו יוד הא ואו הא
ומשם לדעת
יהוה יהוה
ח"ת דרחל

## אלף למד הי יוד מם
## צבאות
## השתפא
ומשם ליסוד דז"א שבת"ת שלה
יהוה יהוה
יסוד דרחל
## שין דלת יוד
## ש ד י
## ש שד שדי

ולהמשיך מאחור ופנים דיסוד דאבא שביסוד דז"א שהוא ריבוע ופשוט דשם ע"ב
ליסוד דרחל סמכה האריה זו הוא מקבץ את הב' נבו' להעלותם עד הכתר דנוק'.

## יוד יוד הי יוד הי ויו יוד הי ויו הי
## יוד הי ויו הי ג"י אהרן.
סוד הדלקת המנורה.
להעלות הב' נבו' מיסודה ולהעלותם מחוברים יחד דרך קו אמלעי לת"ת שלה.

(א) ח"ה המסכה זו של חלק הד' הוא אחר עלייה הב' נבו' של נו"ה מן היסוד עד הה"ס
שלה עד הדעת עד הכתר שלה כמבוא' בשל"ד פ"ו וח"ב כוונת דף זה הוא מלמטה למעלה
והב פשוט : (ב) נה"י חדשים עיין בש' כ"ג פ"ד וס' כ"ה פ"ה :

תרשים ו - ג

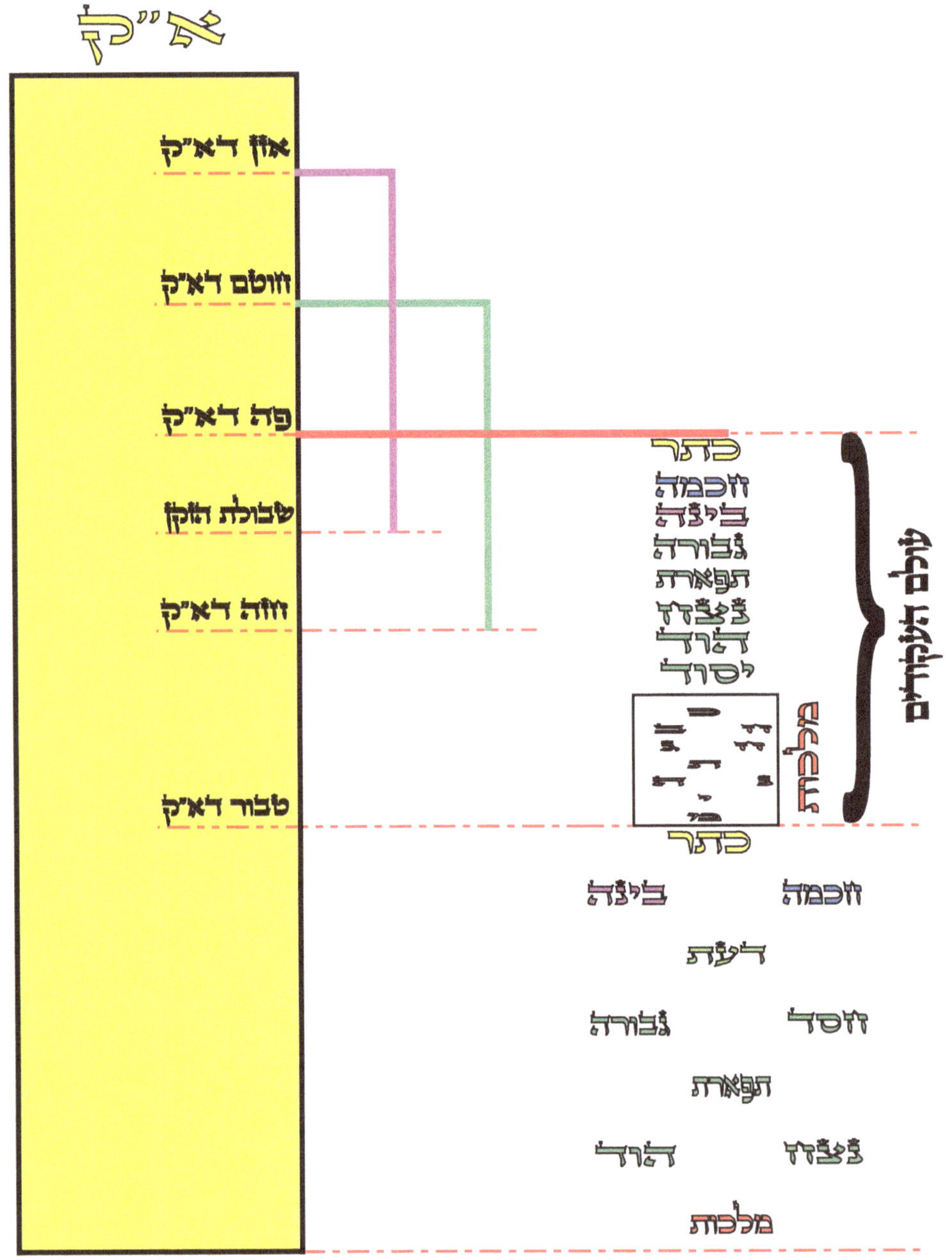

תרשים ו - ד

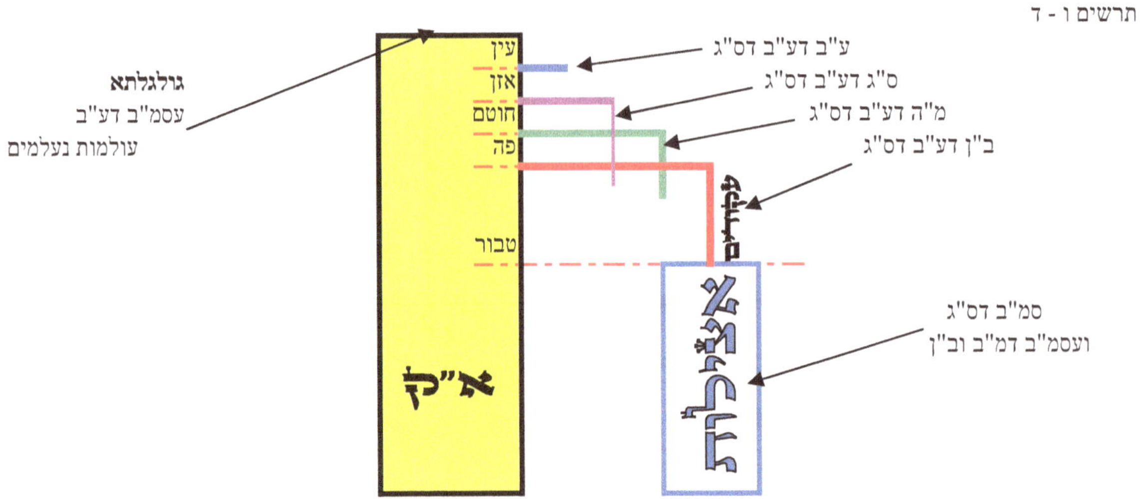

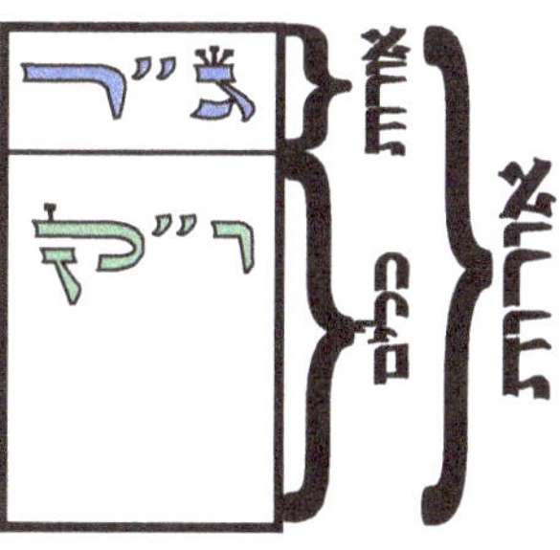


ג"ר
ר"ק

כתר
ג"ר
ר"ק

חכמה
ג"ר
ר"ק

בינה
ג"ר
ר"ק

דעת
ג"ר
ר"ק

חסד
ג"ר
ר"ק

גבורה
ג"ר
ר"ק

תפארת
ג"ר
ר"ק

נצח
ג"ר
ר"ק

הוד
ג"ר
ר"ק

יסוד
ג"ר
ר"ק

מלכות
ג"ר
ר"ק

ג"ר

ר"ק

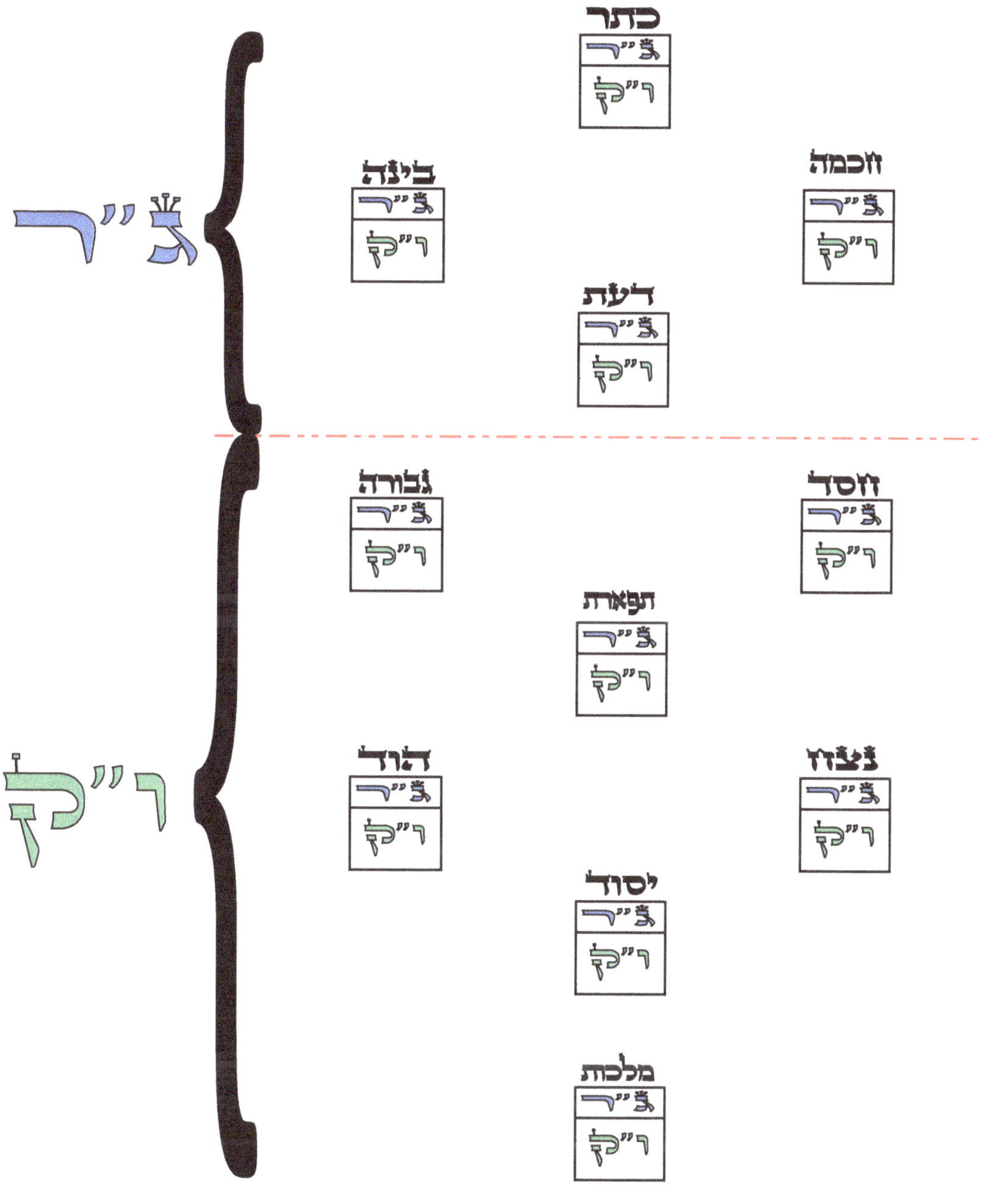

# תרשׁימים שׁעׁר ו' פרק ו'



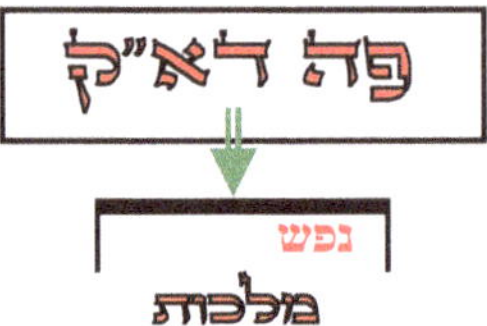




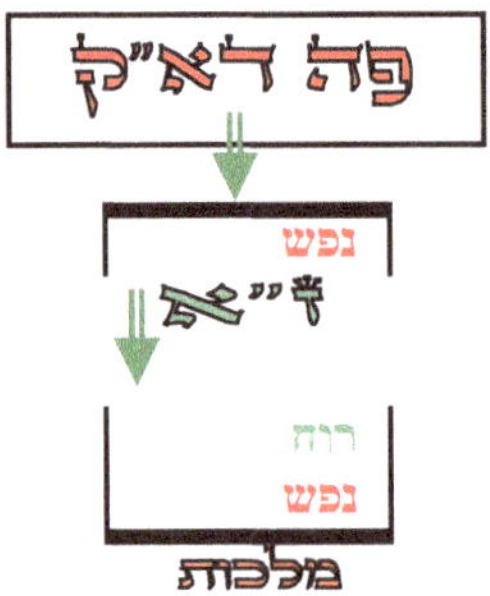




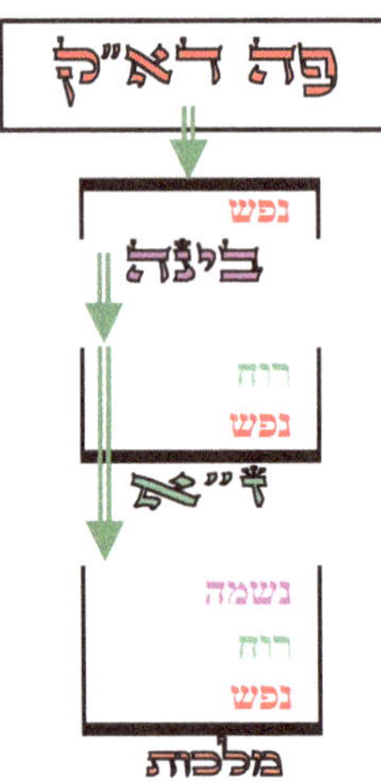




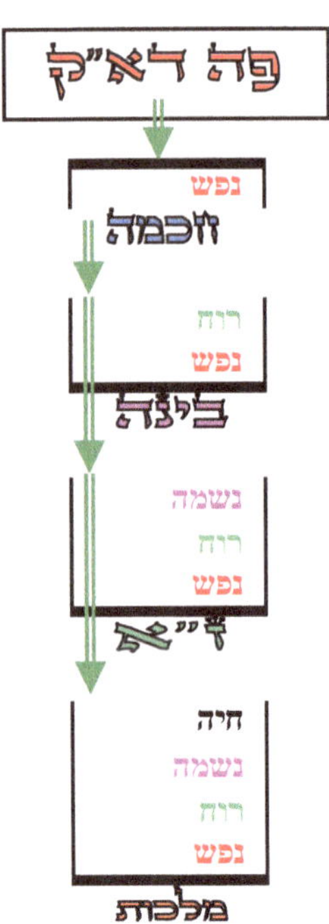

תרשים ו - י

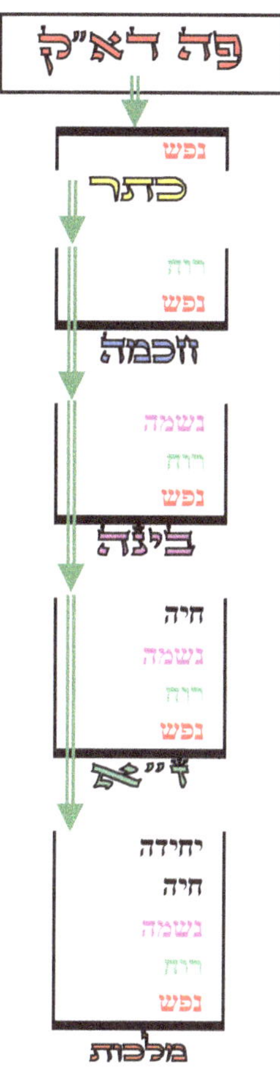

תרשים ו - י"א

תרשים ו - י"ב

תרשים ו - י"ג

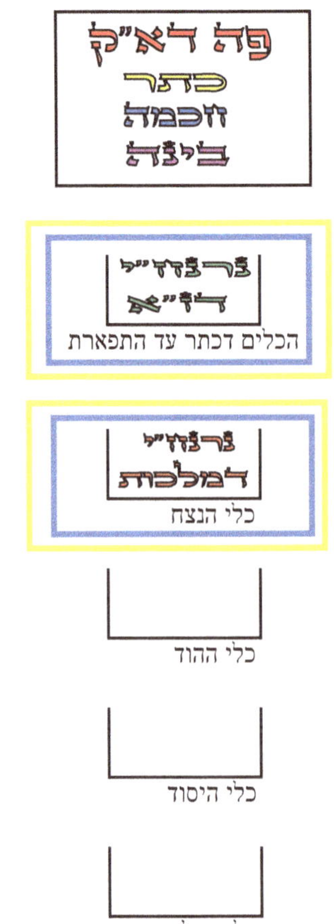

# יציאת אורות העקודים מפה דא"ק

## נסיעה הראשונה

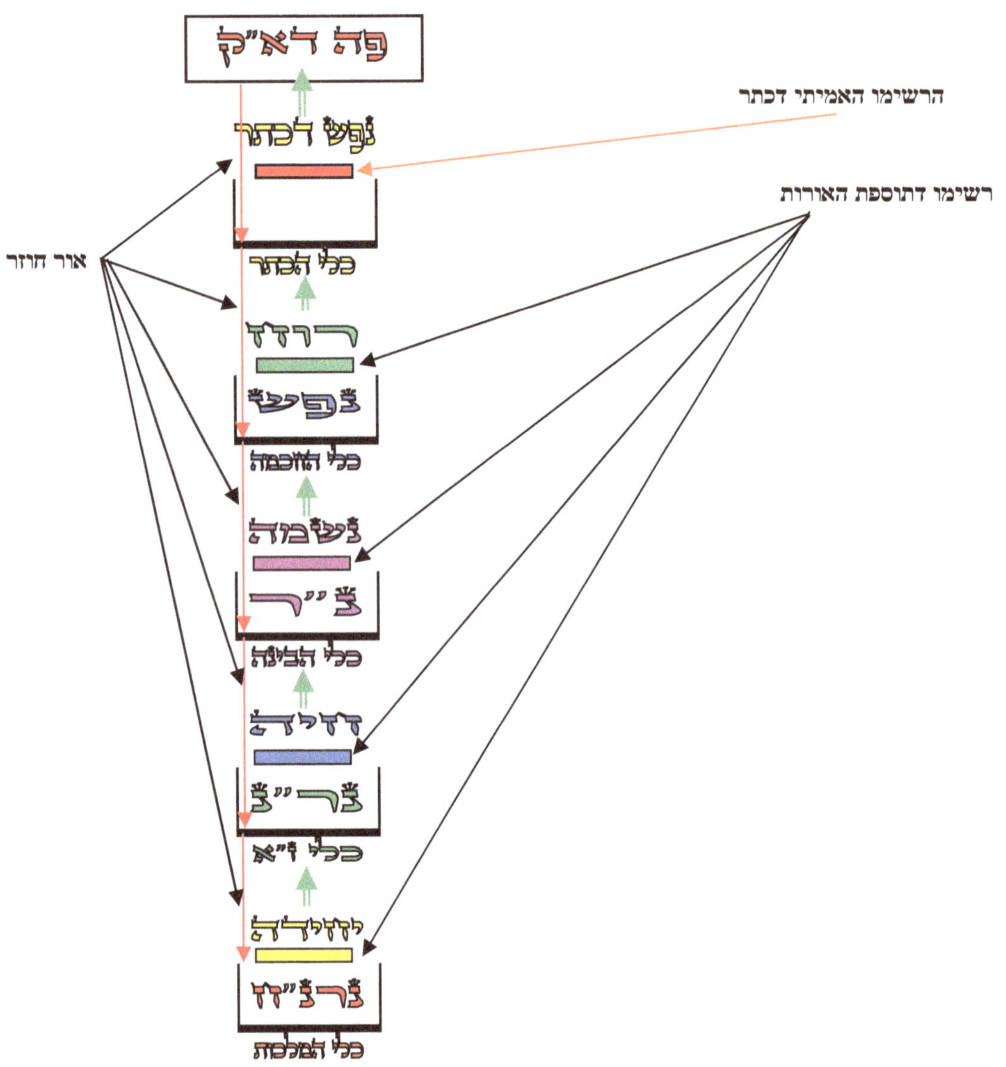

## חניה הראשונה

אור הכתר נעלם בפה דא"ק
נשאר הרשימו האמיתי דכתר מחוץ לפה דא"ק

אורות נ"ר דחכמה עלו לכתר, והחכמה קיבלה תספת אור הנשמה

אורות נר"נ דבינה עלו לחכמה, והבינה קיבלה תוספת אור החיה

אורות נרנ"ח דז"א עלו לבינה )בינה עד הוד(, וז"א קיבל תוספת אור היחידה

אורות נרנח"י דמלכות עלו ליסוד ז"א, וקיבלה המלכות מקיף דחיה

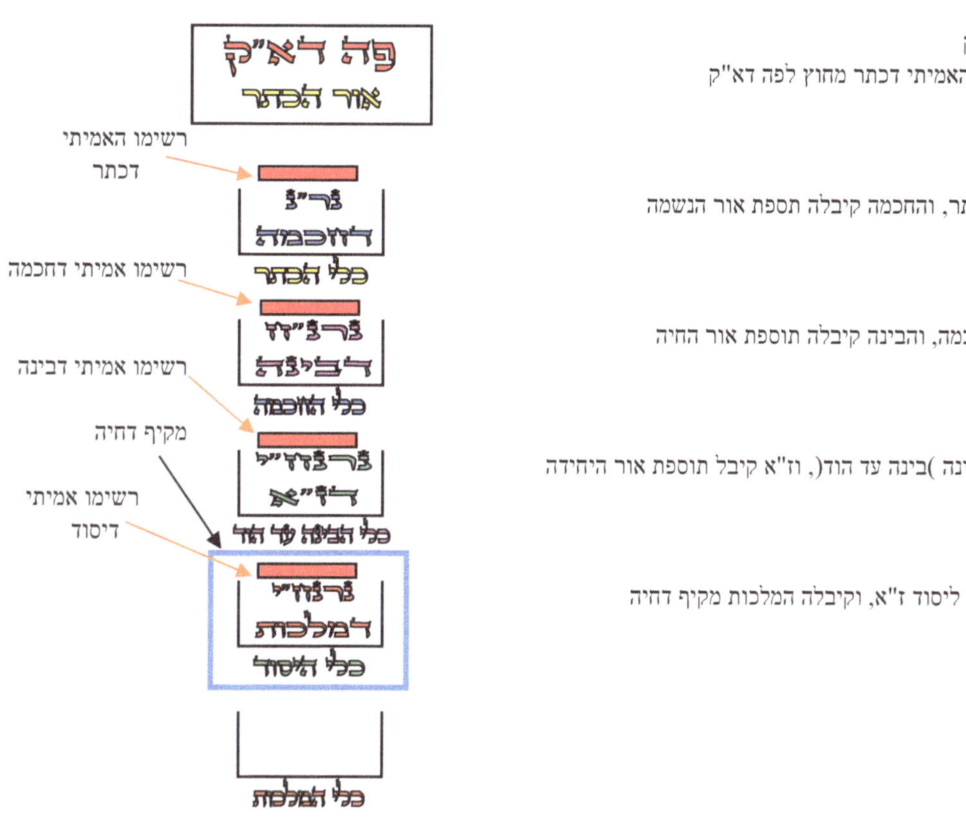

## נסיעה הראשונה

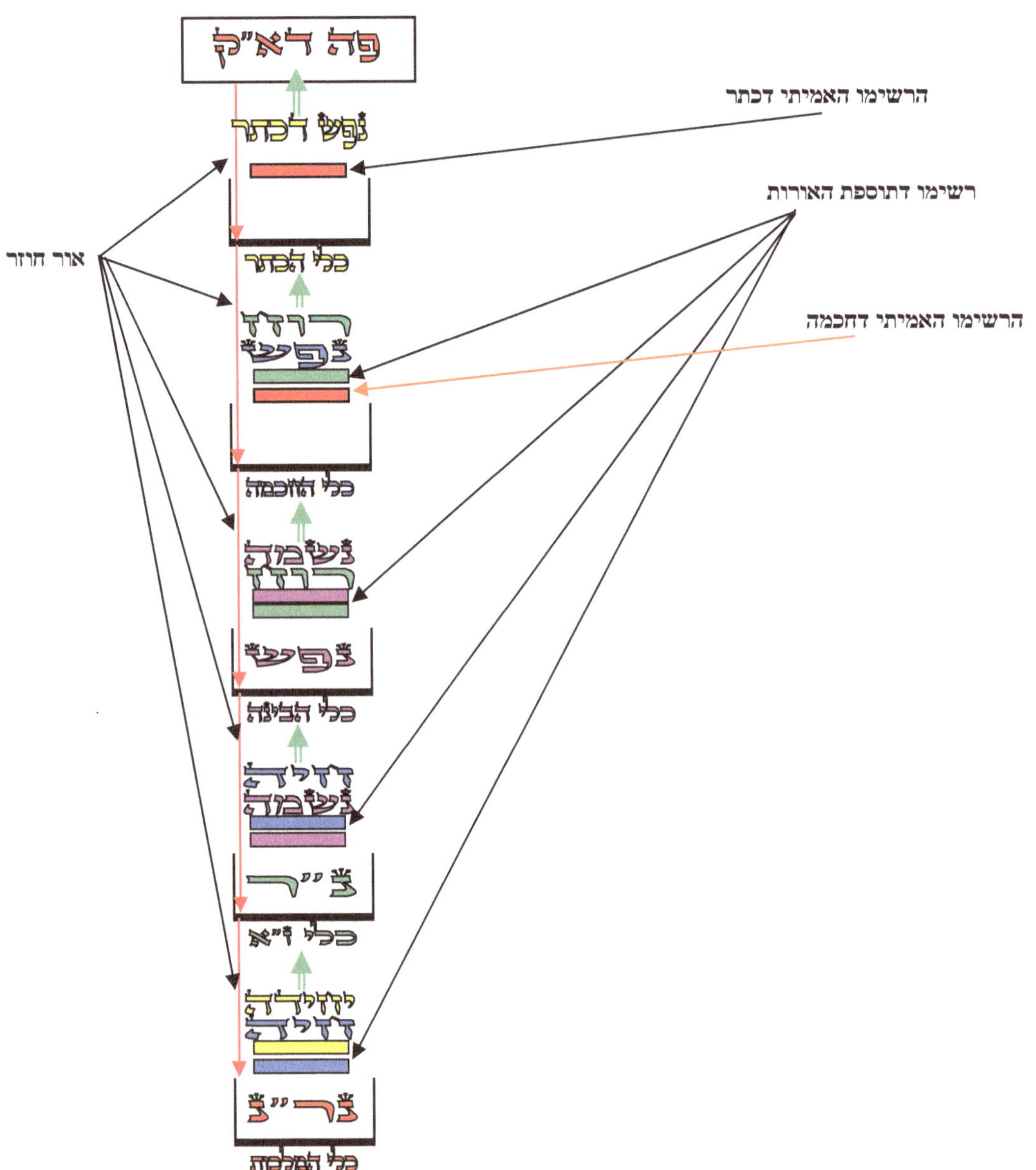

תרשים ו - י"ח

## נסיעה הראשׁונה

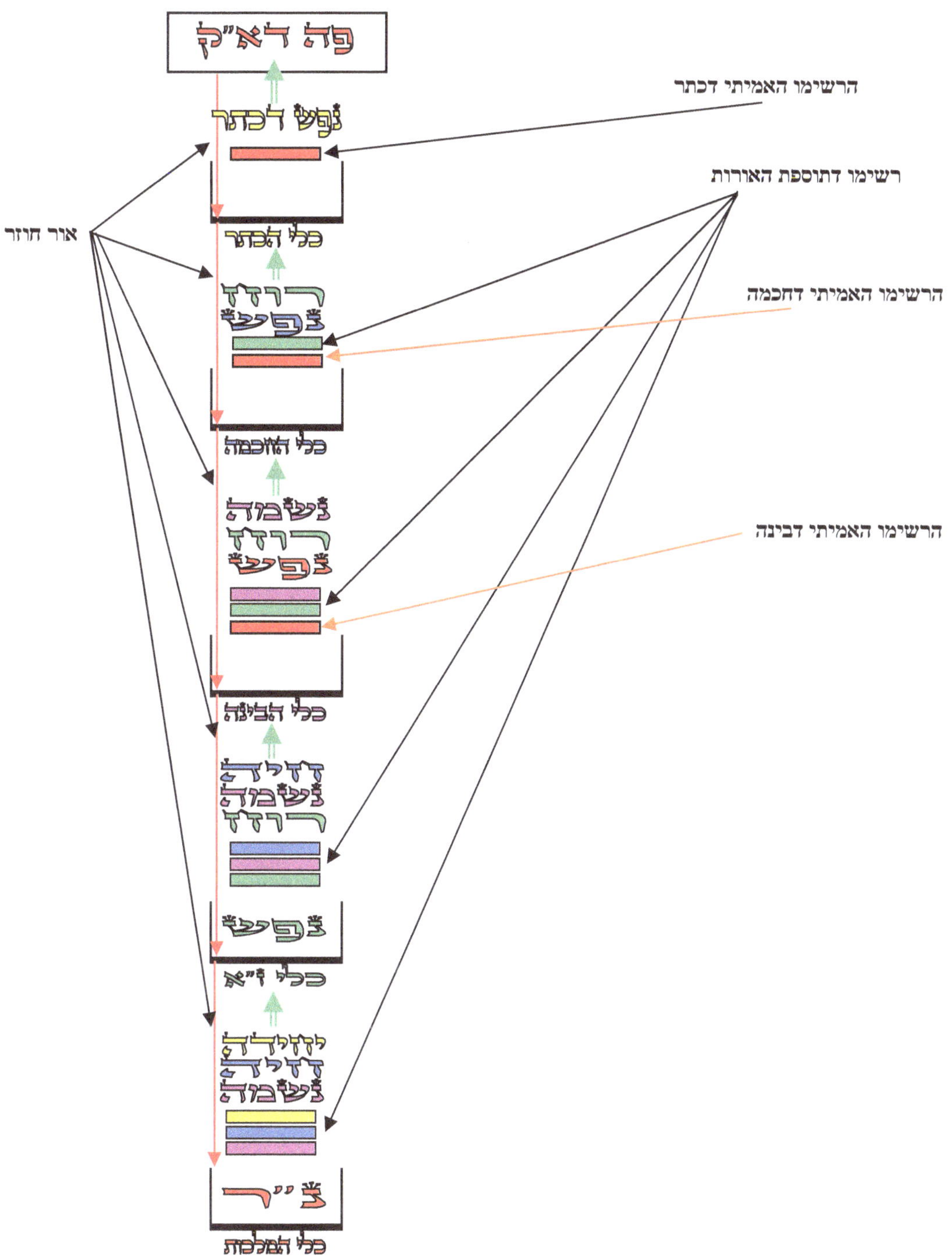

## נסיעה הראשונה

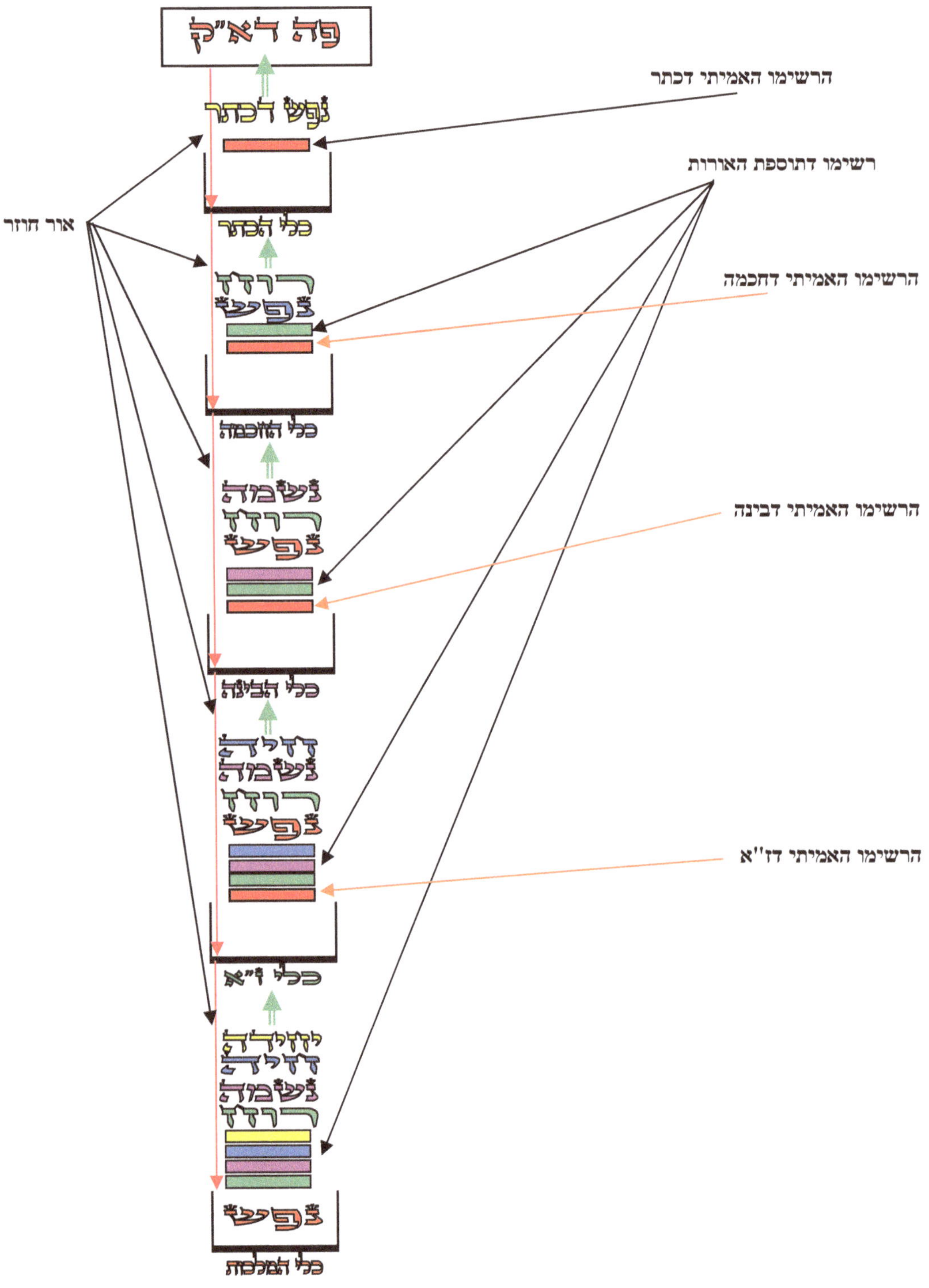

## נסיעה הראשׁונה

# נסיעה השניה

פה דא"ק
אור הכתר
ער"ן דחכמה
כלי הכתר
יחידה
נשמה
רוזין
נפעי
רביעה
כלי החכמה
יחידה
יחידה
נשמה
ר"ן
דא"א
כלי הבינה עד נפש
כלי ההוד
מקיף חיה
יחידה
יחידה
ער"ן
דמלכות
כלי היסוד
כלי המלכות
הרשימו האמיתי דכתר
הרשימו האמיתי דחכמה
רשימו דתוספת האורות
הרשימו האמיתי דבינה
רשימו האמיתי דיסוד
אור חוזר
אורות המלכות
עולים לכלי דהוד

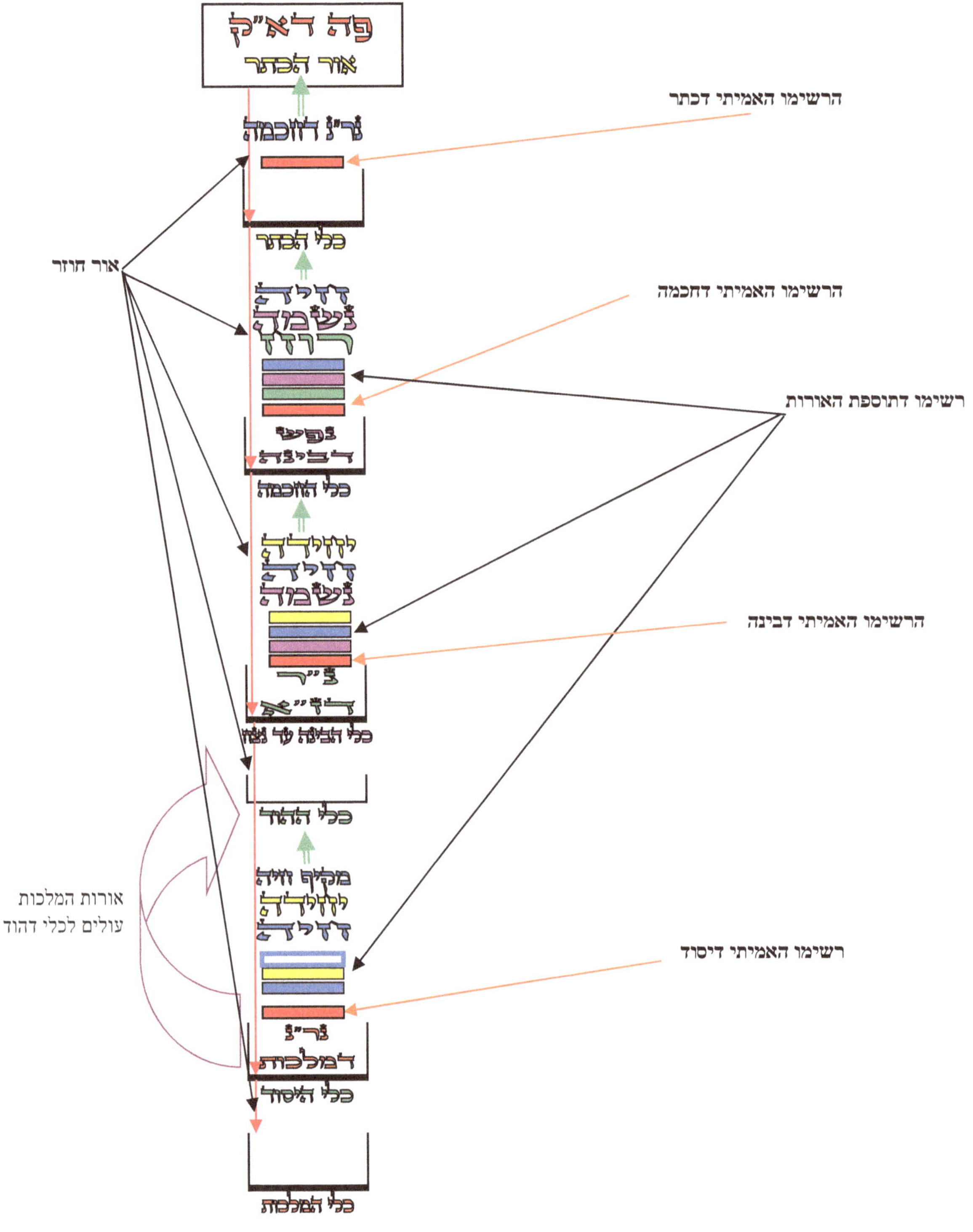

## נסׁיעׁה הׁשׁנׁיׁה

פׁה דׁא"ק
אׁור הׁכׁתׁר
הרשׂימו האמׁיתׁי דכתר
עׁ"ג דׁוכׁמׁה
כׁל הׁכׁתׁר
הרשׂימו האמׁיתׁי דחכמה
רשׂימו דתוספת האורות
כׁל הׁחׁכׁמׁה
הרשׂימו האמׁיתׁי דבינה
כׁל הׁבׁינׁה עׁ"ג ת"ת
אׁור חׁוזׁר
כׁל הׁת"ת
רשׂימו האמׁיתׁי דיסוד
אׁורות הׁמׁלכׁות
עׁולׁים לׁכׁלׁי דהׁוד
ת"ת
דמׁלׁכׁות
כׁל הׁיׁסׁוד
כׁל הׁמׁלׁכׁות

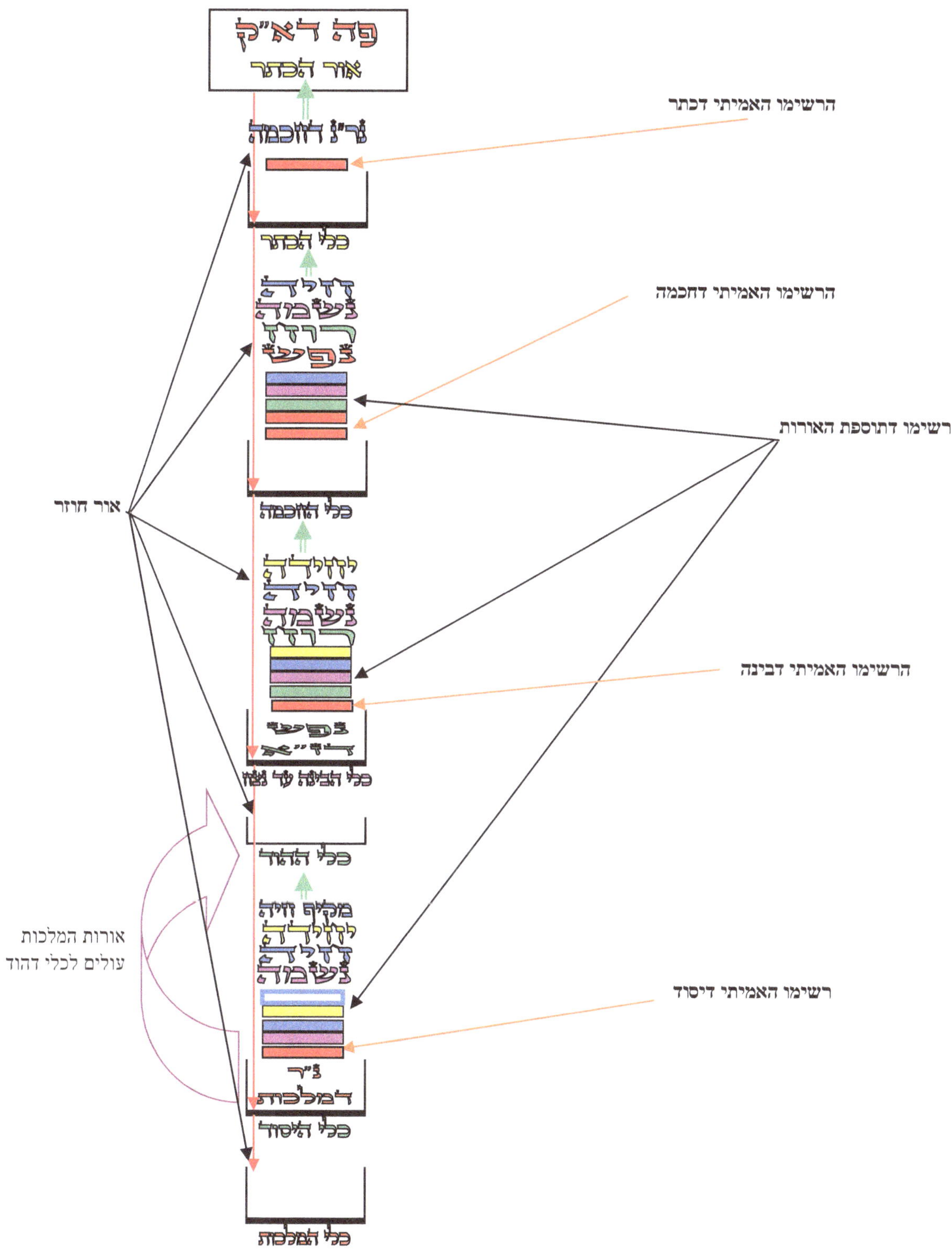

תרשים ו - כ"ג

## נסיעה השׁניה

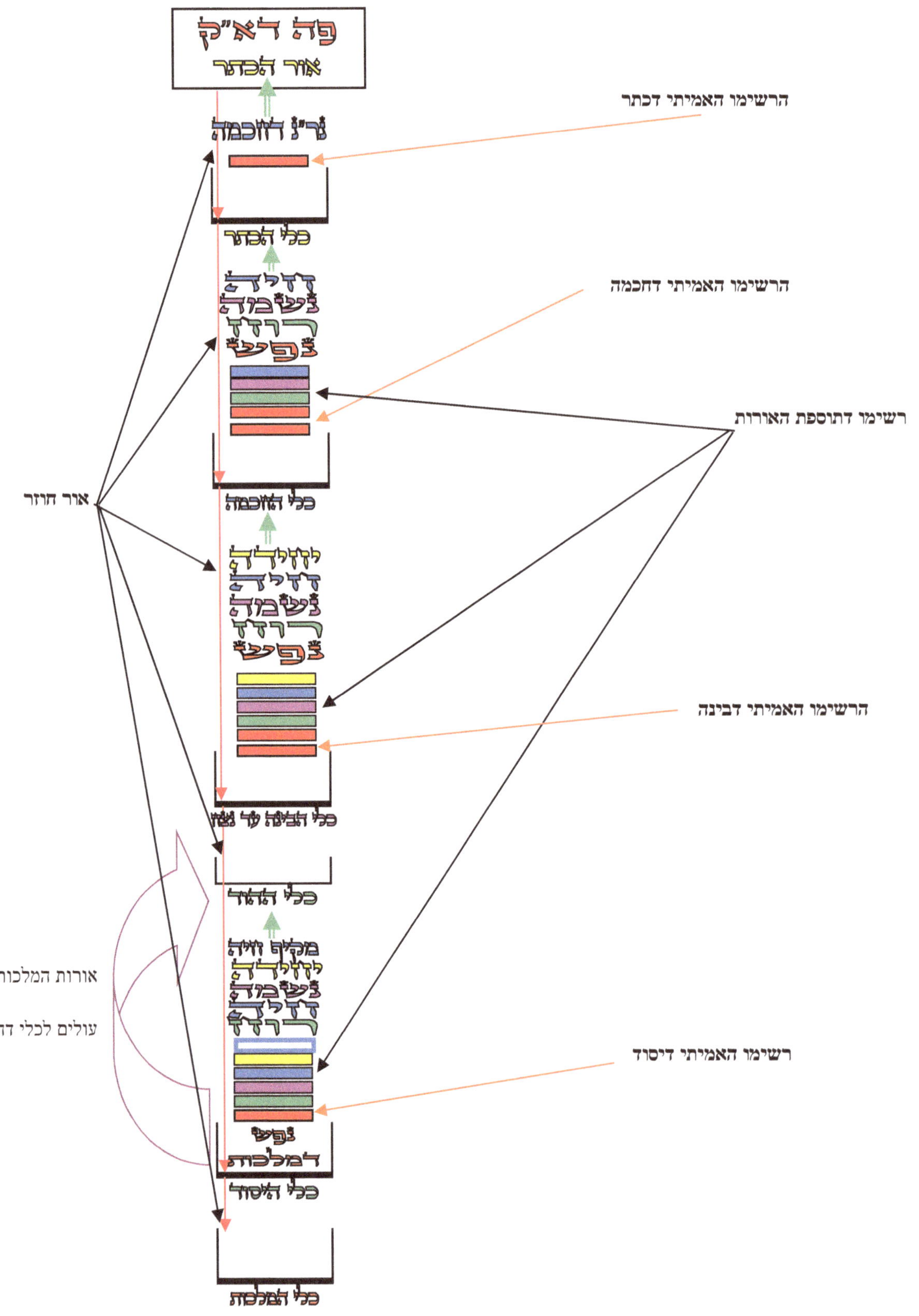

## נסיעה השׁנׁיה

פה דא"ק
אור הכתר
כ"ל דחכמה
כלי הכתר
כלי החכמה
כלי הבינה על נפש
כלי החסד
כלי היסוד
כלי המלכות
הרשימו האמיתי דכתר
הרשימו האמיתי דחכמה
רשימו דתוספת האורות
הרשימו האמיתי דבינה
הנפש האמיתית דמלכות
רשימו האמיתי דיסוד
אור חוזר
אורות המלכות
עולים לכלי דהוד

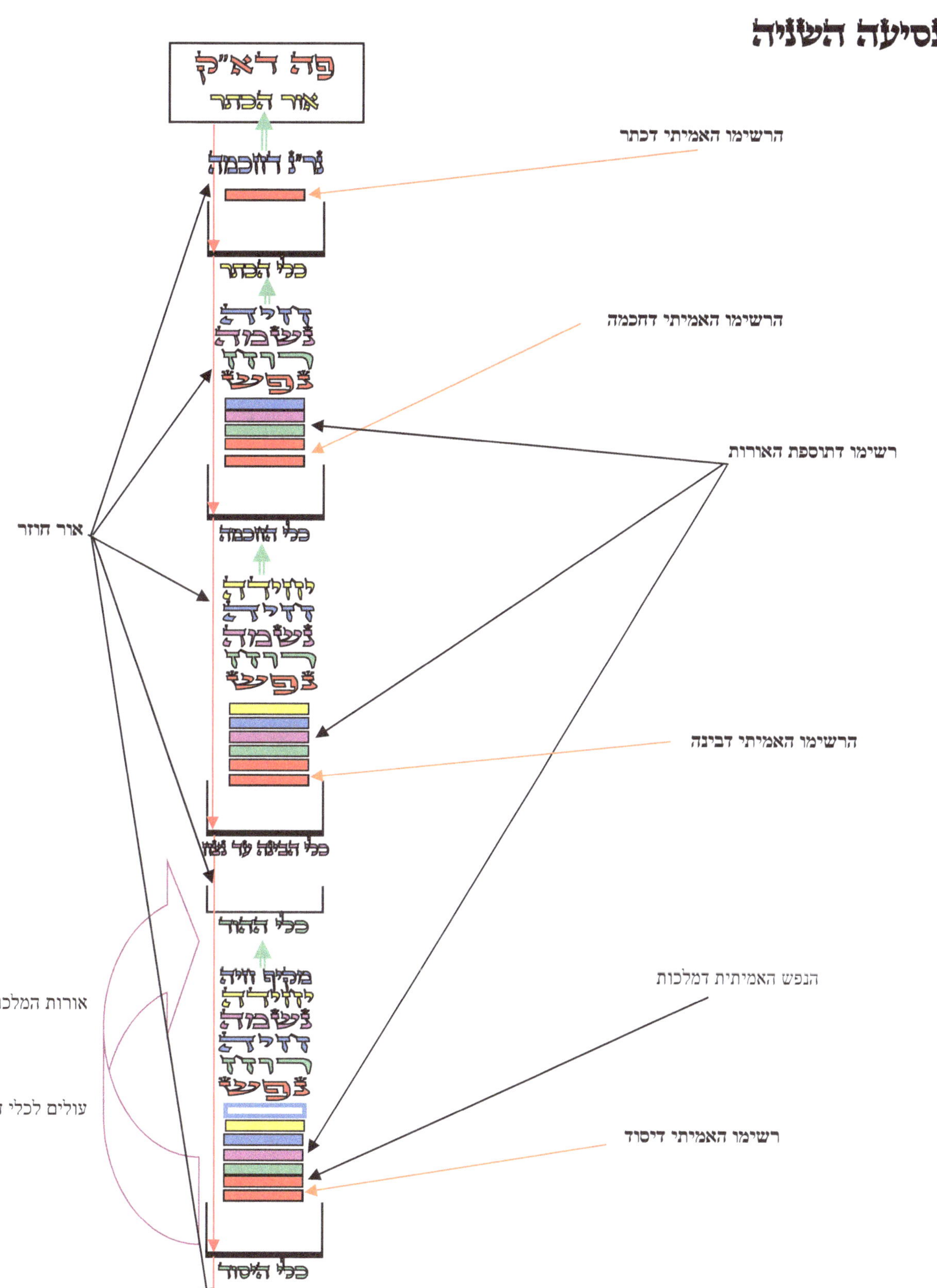

# חזניה השניה

אור החכמה נעלם בפה דא"ק תחת אור הכתר

אורות נרנ"ח דבינה עלו לכתר, והבינה קיבלה תספת אור היחידה הפנימית

אורות נרנח"י דז"א עלו לחכמה )חכמה עד נצח(, וז"א קיבל מקיף דחיה

אורות המלכות עלו למקום ההוד, והמלכות קבלה מקיף דיחידה

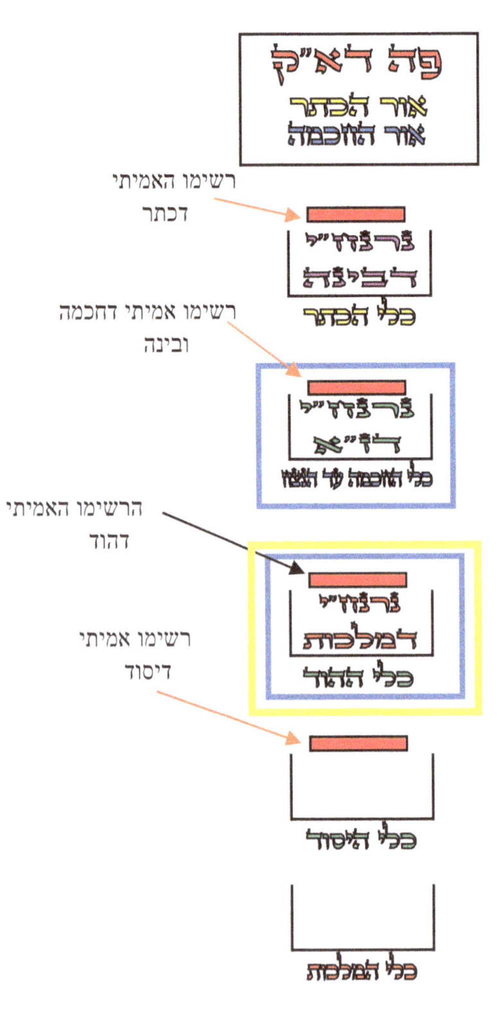

## נסיעה השלישית

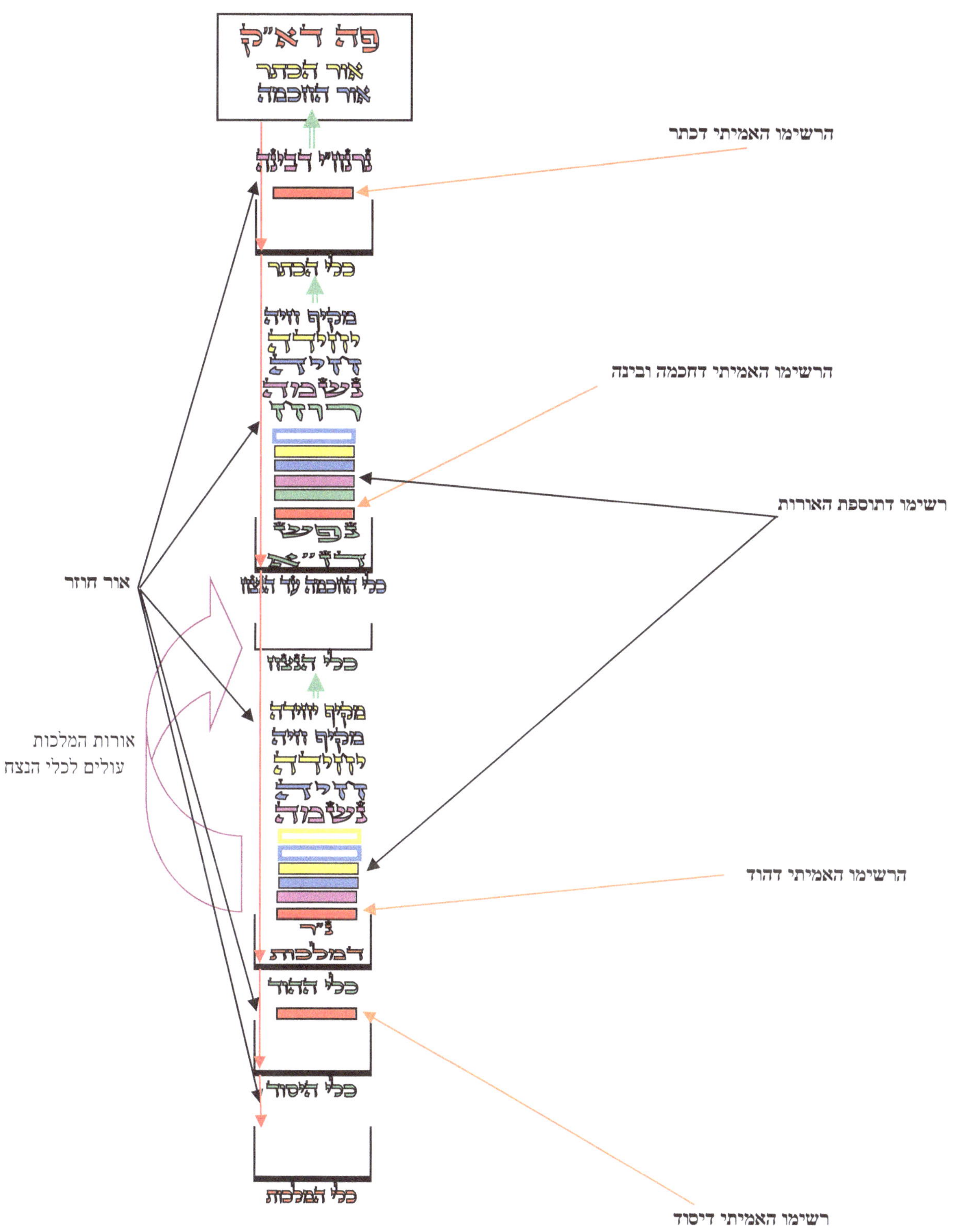

## נסיעה השלישית

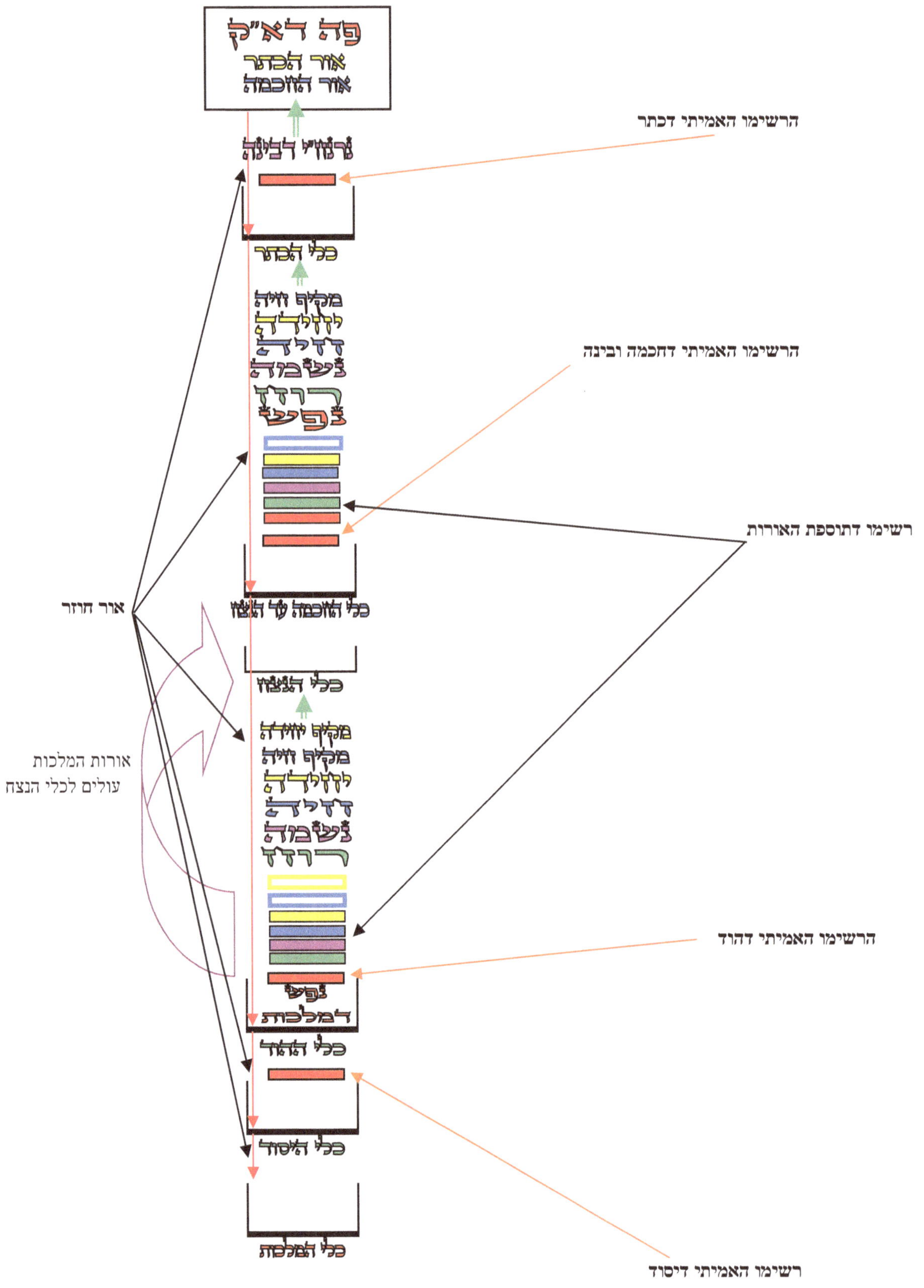

## נסׄיעה השׁלישׁית

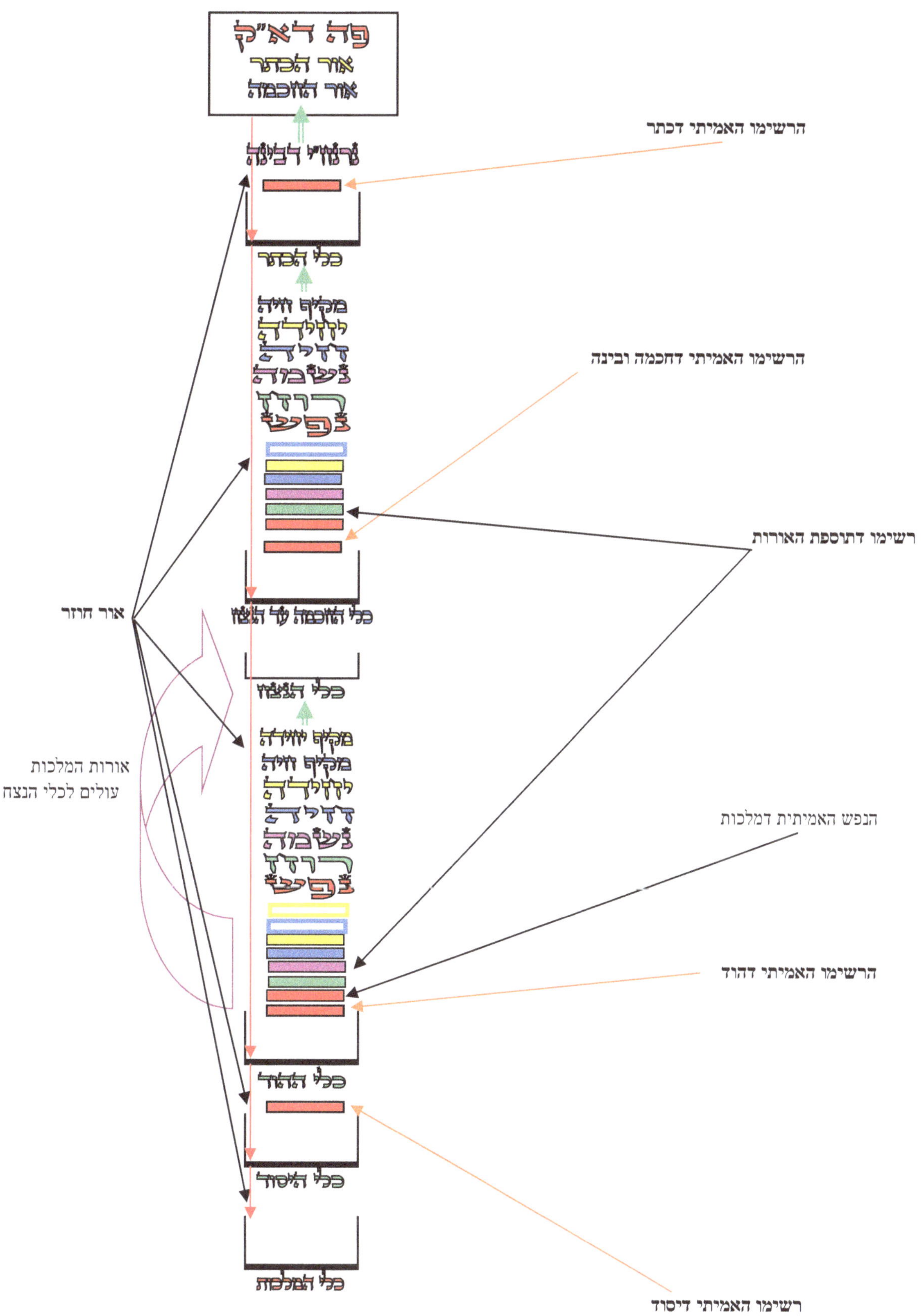

# חזיה השלישית

אור הבינה נעלם בפה דא"ק תחת אור החכמה

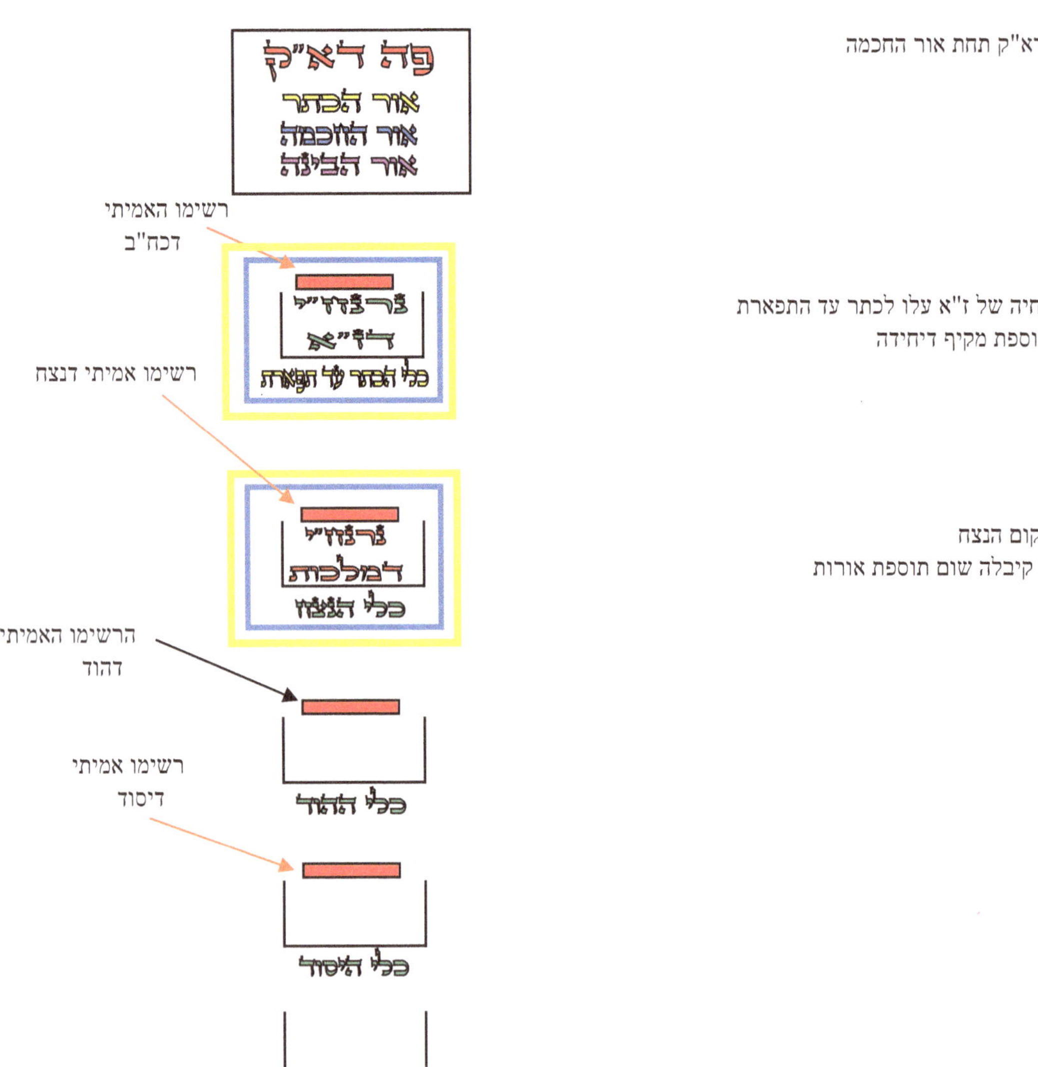


רשימו האמיתי
דכח"ב

רשימו אמיתי דנצח

הרשימו האמיתי
דהוד

רשימו אמיתי
דיסוד

אורות נרנח"י ומקיף דחיה של ז"א עלו לכתר עד התפארת
ז"א קיבל תוספת מקיף דיחידה

אורות דמלכות עלו למקום הנצח
המלכות לא קיבלה שום תוספת אורות

תרשׁים ו - ל

## נסׄיעה השׁלׄישׁׄית
## עד הנֹסׄיעה התשׁׄיעׄית

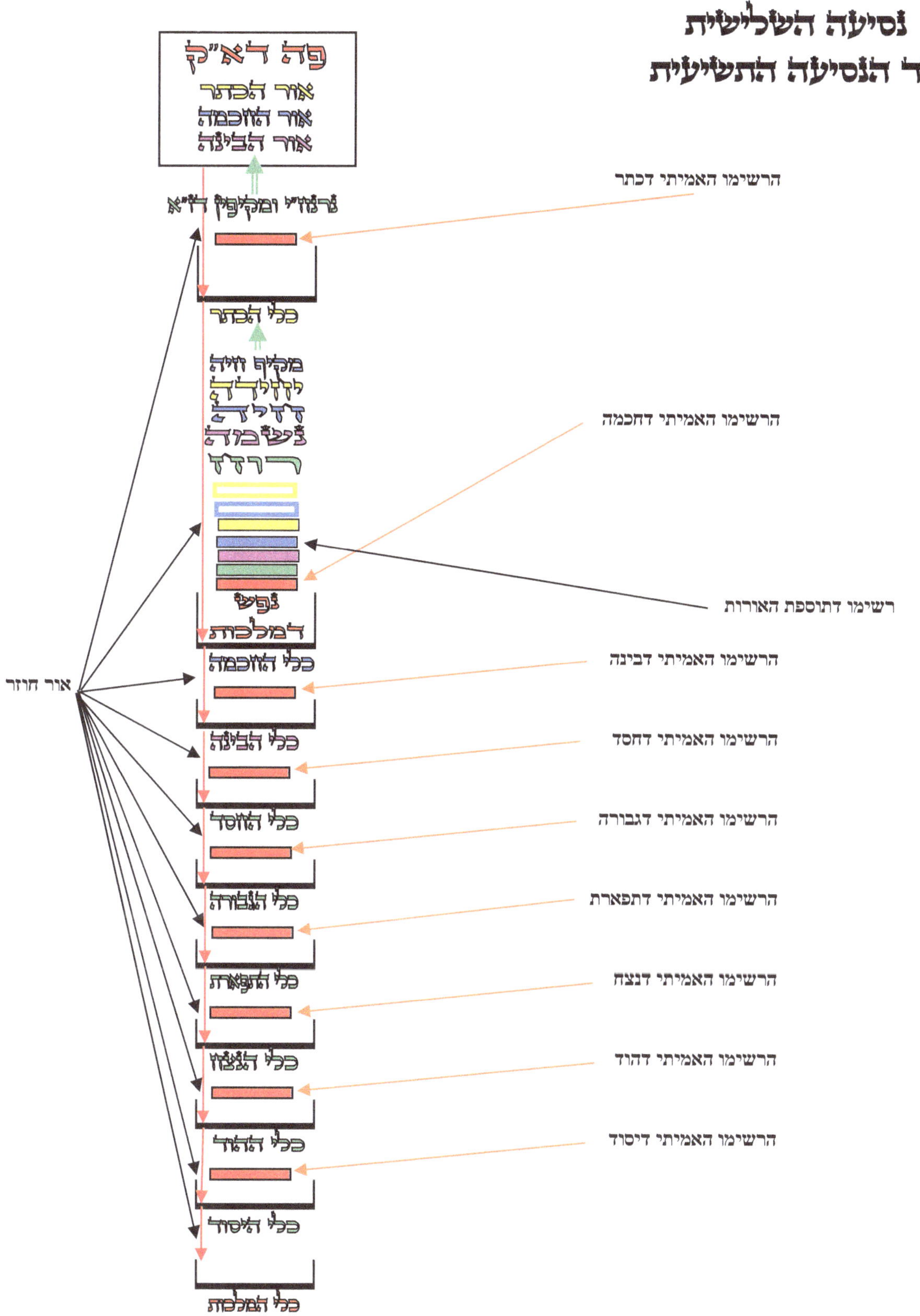

## נסיעה השלישית
## עד הנסיעה התשיעית

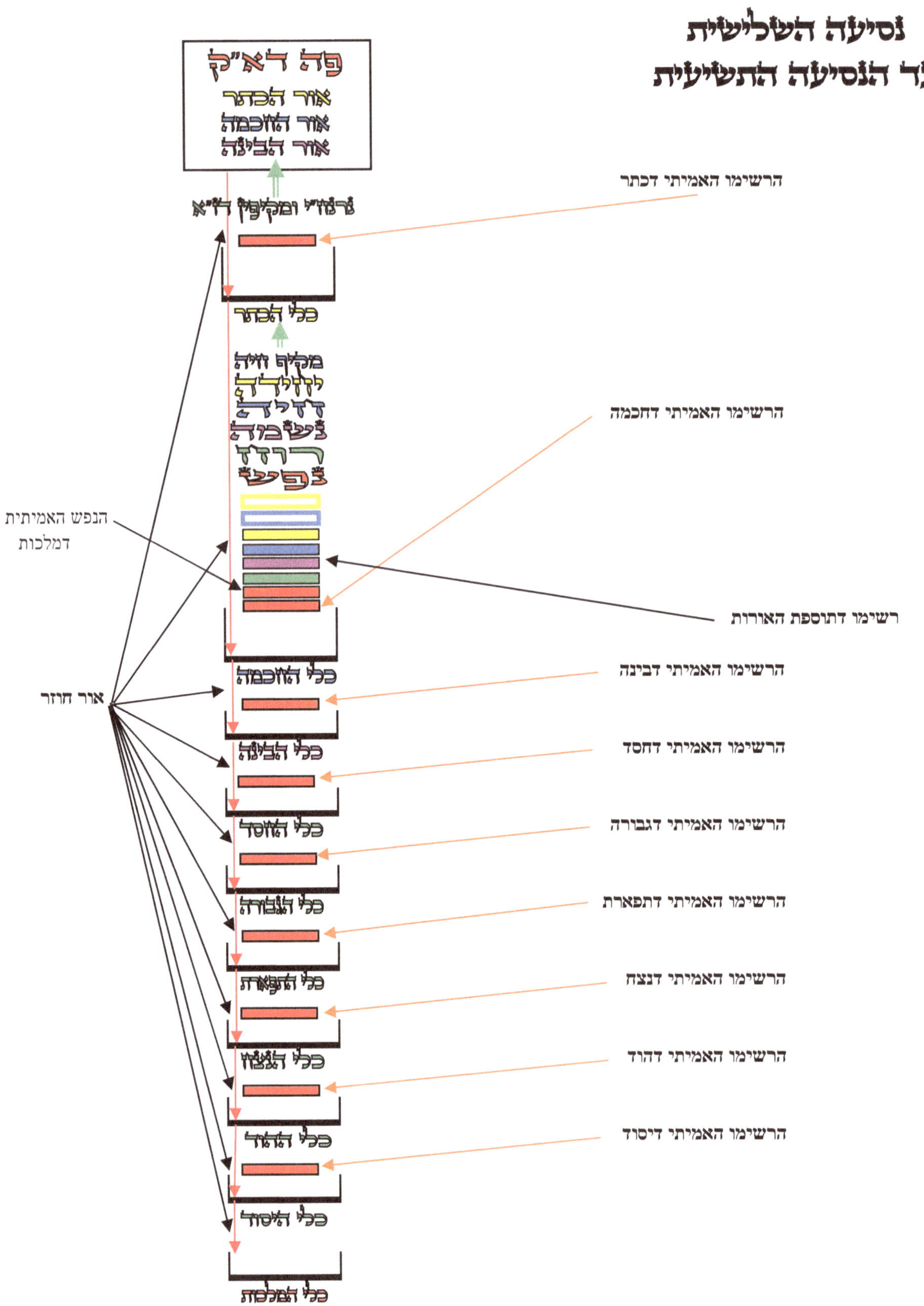

## הבניה התשׁיעית

אור דז"א נעלם בפה דא"ק תחת אור הבינה

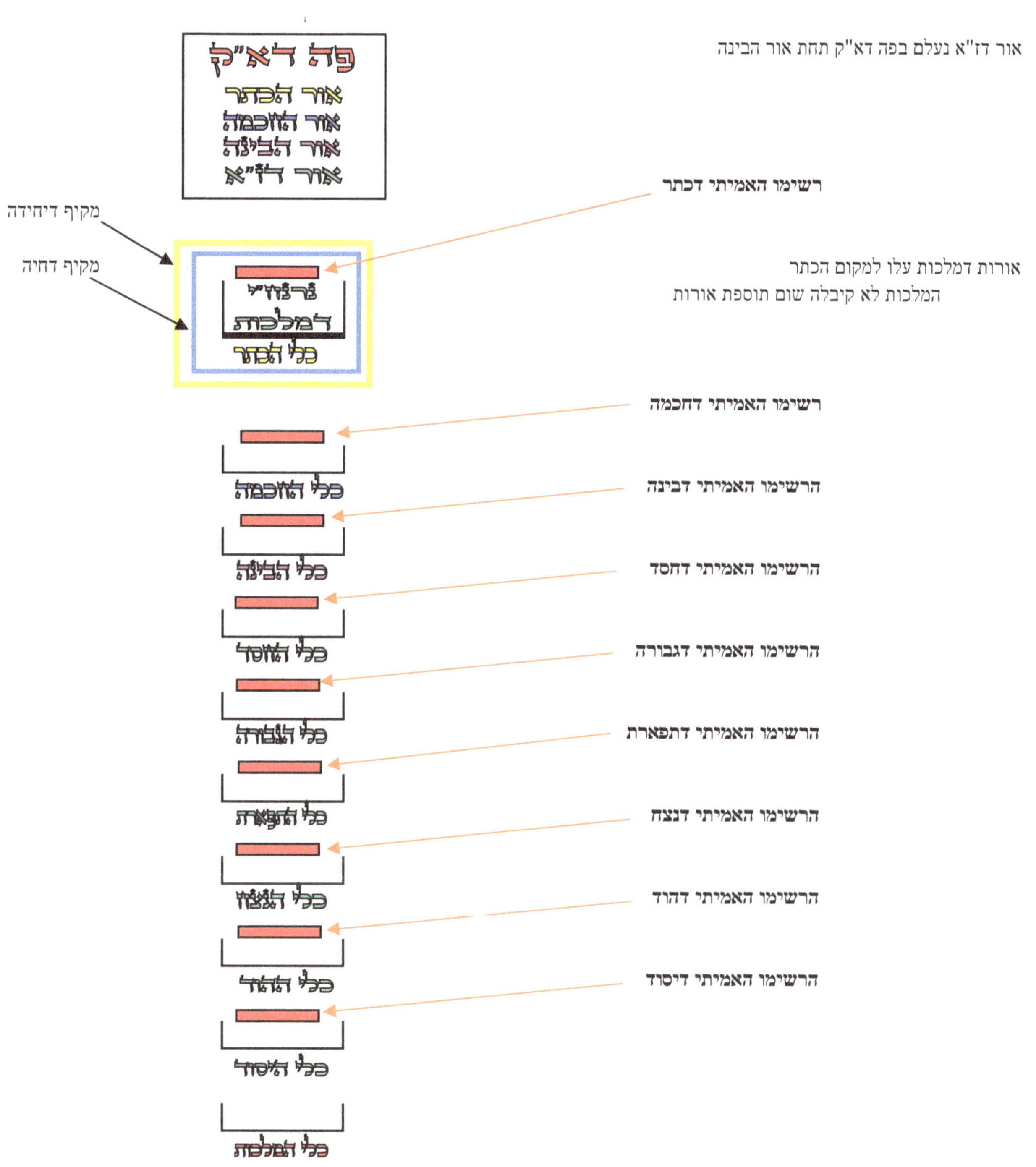


רשׁימו האמיתי דכתר

אורות דמלכות עלו למקום הכתר
המלכות לא קיבלה שום תוספת אורות

רשׁימו האמיתי דחכמה

הרשׁימו האמיתי דבינה

הרשׁימו האמיתי דחסד

הרשׁימו האמיתי דגבורה

הרשׁימו האמיתי דתפארת

הרשׁימו האמיתי דנצח

הרשׁימו האמיתי דהוד

הרשׁימו האמיתי דיסוד

## נסיעה עשׂרית

פ"ה דא"ק
אור הכתר
אור החכמה
אור הבינה
אור דו"א
רמ"ח ומקיפין דמלכת
כלי הכתר
כלי החכמה
כלי הבינה
כלי החסד
כלי הגבורה
כלי התפארת
כלי הנצח
כלי ההוד
כלי היסוד
כלי המלכות
אור חוזר
רשימו האמיתי דכתר
רשימו האמיתי דחכמה
הרשימו האמיתי דבינה
הרשימו האמיתי דחסד
הרשימו האמיתי דגבורה
הרשימו האמיתי דתפארת
הרשימו האמיתי דנצח
הרשימו האמיתי דהוד
הרשימו האמיתי דיסוד

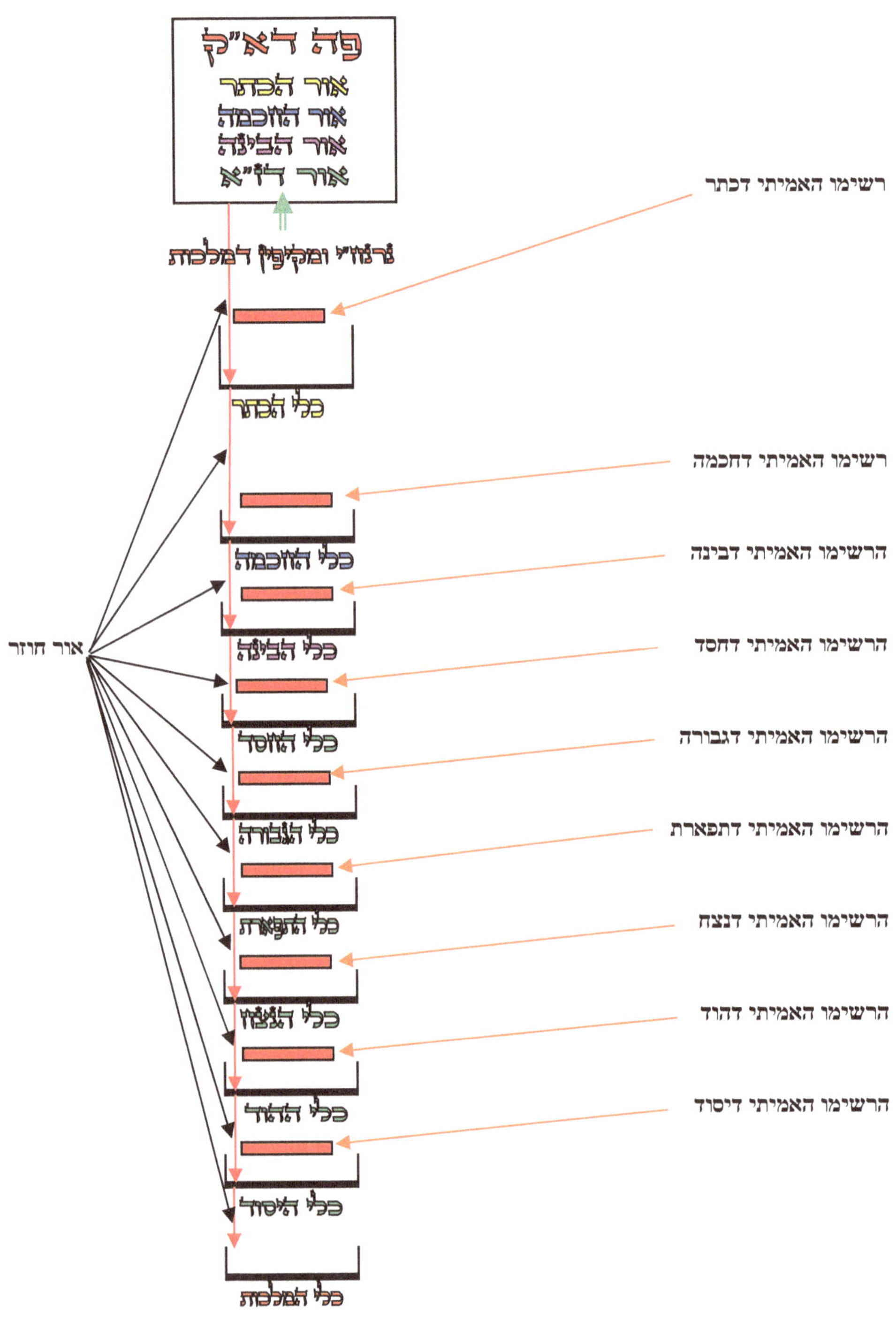

## חזניה העשרית

אור דמלכות נעלם בפה דא"ק תחת אור ז"א היסוד דז"א

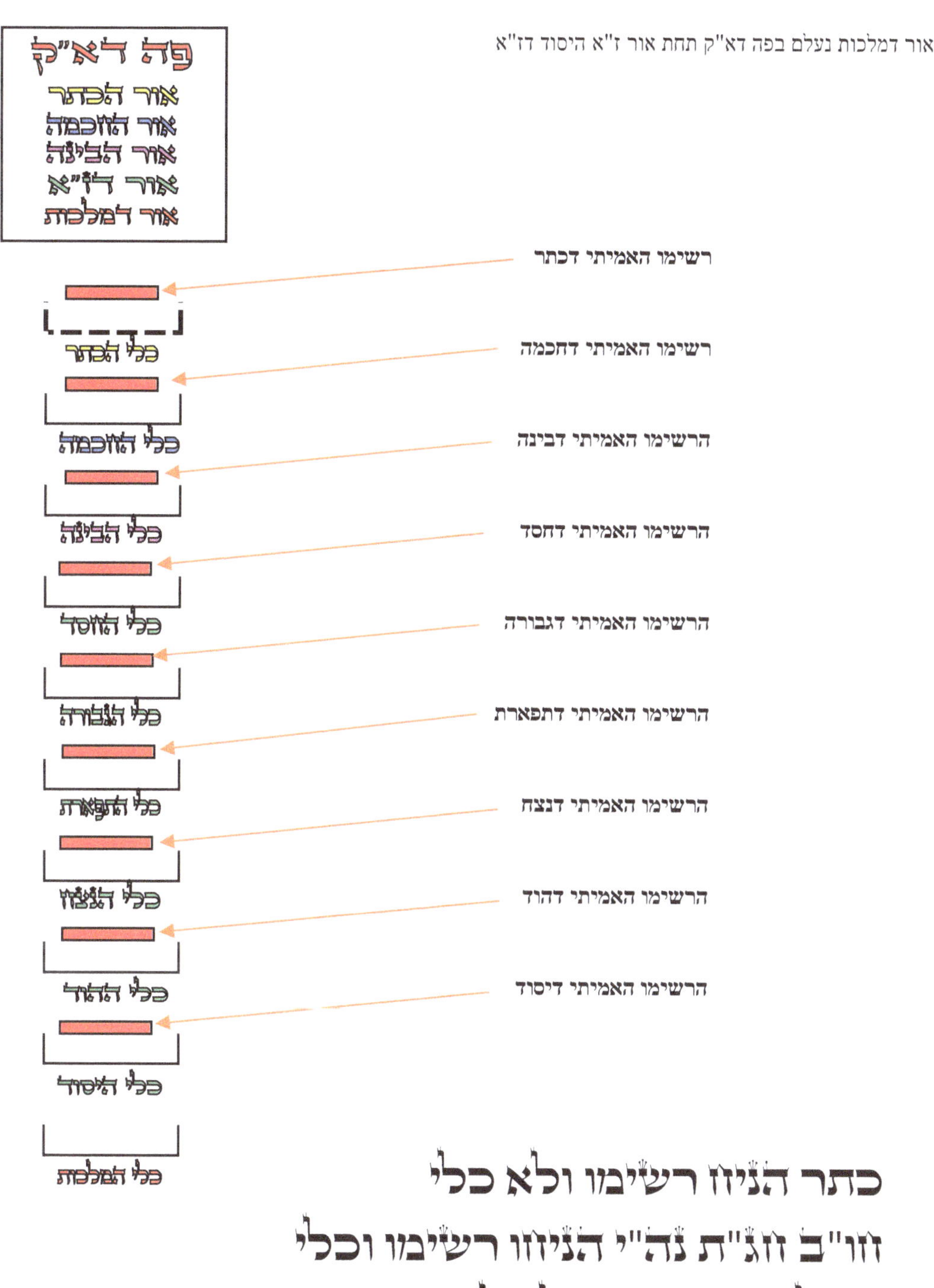



כתר הניזוז רשימו ולא כלי
זו"ב זזג"ת נה"י הניזוזו רשימו וכלי
המלכות הניזוזה כלי ולא רשימו

תרשים ו - ל"ה

פה דא"ק
יציאת המלכות
יציאת ז"א
יציאת הבינה
יציאת החכמה
יציאת הכתר
מלכות
נפֿש – עיבור
ז"א
נפֿש – עיבור
בינה
נפֿש – עיבור
חכמה
נפֿש – עיבור
כתר
נפֿש – עיבור
מלכות
רוח – יניקה
ז"א
רוח – יניקה
בינה
רוח – יניקה
חכמה
רוח – יניקה
מלכות
נשמה – מוחין א
ז"א
נשמה – מוחין א
בינה
נשמה – מוחין א
מלכות
חיה – מוחין ב
ז"א
חיה – מוחין ב
מלכות
יחידה – מוחין ג
אימא
אבא
יחידה
נשמה
רוח
נפֿש
פנים
נשמה
רוח
נפֿש
אזור
נוקבא
ז"א
יחידה
חיה
נשמה
רוח
נפֿש
פנים
חיה
נשמה
רוח
נפֿש
פנים
בצאת כתר דעקודים
לחכמה יש את בזיונת נר"ן פנימים
לבינה יש בזיונת נרנ"ז פנימים
והם עומדים אזור באזור
(אזור דאבא בפנים דבינה)
בצאת כתר דעקודים
לז"א יש את בזיונת נרנ"ז פנימים
למלכות יש בזיונת נרנוז"י פנימים
והם עומדים פנים בפנים

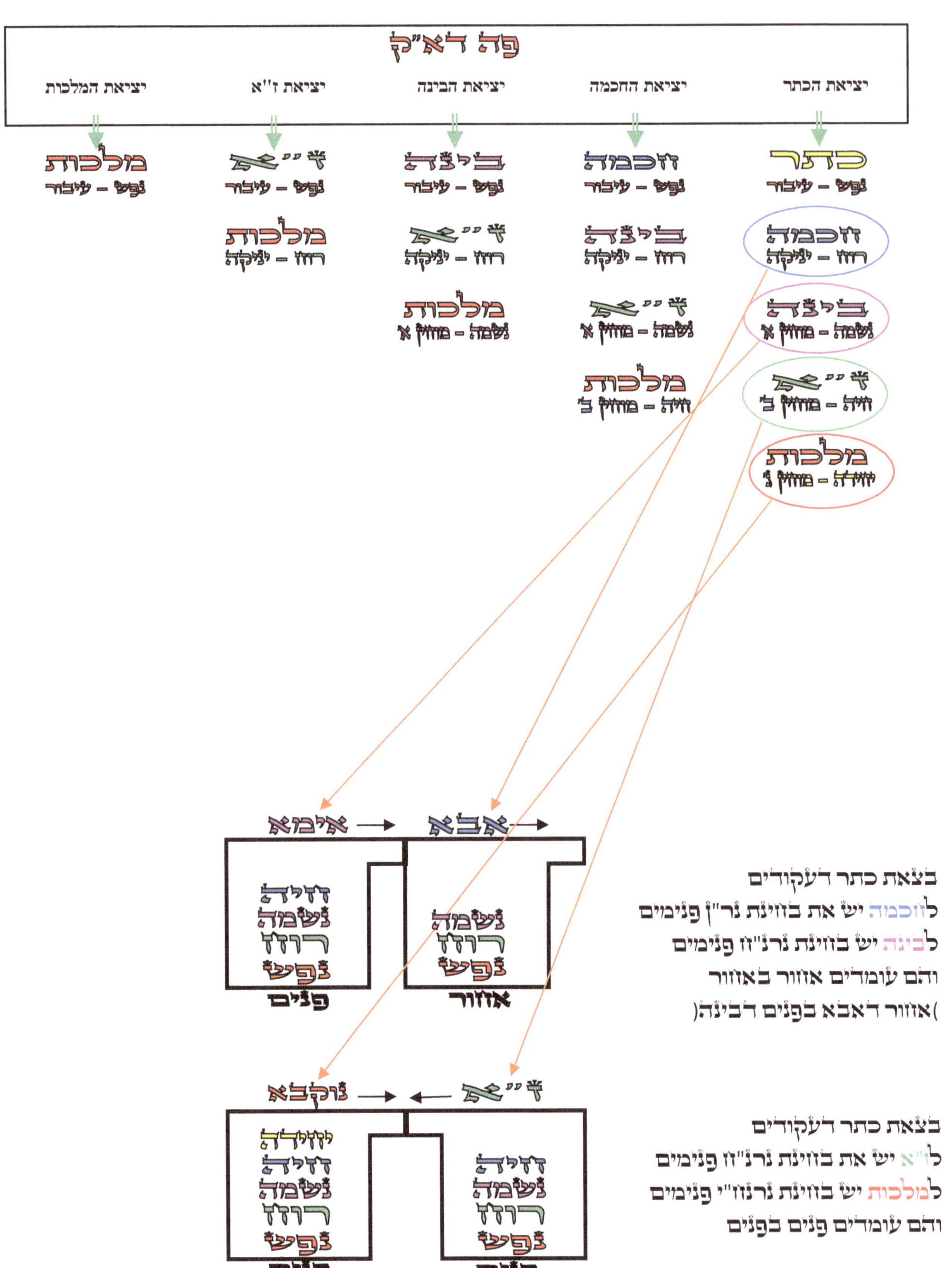